ブッダが見つけた四つの真実

ゾンサル・ジャムヤン・ケンツェ

〔著〕

河上沙羅　望月恵太

〔訳〕

創元社

凡 例

1 本書は、Dzongsar Jamyang Khyentse, *What Makes You Not a Buddhist*, Shambhala Publications, Boston, 2007の全訳であるが、著者のゾンサル・ジャムヤン・ケンツェが日本の読者に親しみやすいように改訂した部分が含まれている。

2 本文中の（ ）は原書にある注、〔 〕は訳者の注である。

シュッドーダナの息子である、インドの王子に捧げる。
その方なしには、私は自分がさまよい人であることを
いまだ知ることはなかったであろう。

目次

結論……185

序章

あるとき、私は大西洋を横断する飛行機の中央列の真ん中の席に座っていました。となりの席の男性が気の毒に思ったのか、私になにかと親切にしようとしてくれました。頭を丸め、えび茶色の衣を身に着けた私が仏教徒に違いないと推測したこの男性は、食事時間になると、わざわざ私のためにベジタリアンミールを注文してくれました。私が仏教徒であることを正確に推測した彼は、私が肉を食べないだろうと考えたようです。そんなことがきっかけで、私たちは長いフライトの退屈しのぎに、仏教について話し始めました。

長い年月のあいだに、私は仏教と仏教徒を、平和や瞑想、非暴力と結びつける人が多いことに気がつきました。それどころか、黄色やえび茶色の衣をまとい、穏やかな微笑みを浮かべてさえいれば、仏教徒になれると考える人が多いようです。熱烈な仏教徒である私としては、このような評判を誇らしく思ってよいのかもしれません。なかでも非暴力という側面は、戦争や暴力、ことに宗教的な暴力で満ちあふれている今の時代においては、たいへんまれなことです。人類の歴史を見ても、宗教から残虐な行為が生まれることは少なくありません。今に至っても、宗教的過激派による暴力は常にニュースの大半を占めています。しかしこれまでのところ、仏教徒はその評判を汚すような行為には及んでいないと自信を持って言うことができるでしょう。仏教を伝え広める過程において暴力が用いられたことは、一度もありません。けれども、仏教徒としての修練を積んできた私としては、仏教が菜食主義、非暴力、平和、瞑想といった側面からのみ取り上げられることに、少なからず不満を感じてもいます。シッダールタ王子が宮殿での何不自由のない豪華な生活を犠牲にしてまで探し求めた悟りとは、無抵抗な植え込みの木のようにただじっと静かに動かずにいることではなかったはずです。

仏教は、その本質のところは非常にシンプルであるにもかかわらず、説明するのは容易ではありません。仏教は想像も及ばないほど複雑で広く、深遠なものです。それは決して宗教的、有神論的なものではありませんが、いざ説明するとなると、どうしても理論的で宗教的に聞こえてしまいます。仏教が世界中のさまざまな地域に伝わり広まる過程で文化的な性質を取り込んでいったことで、仏教への理解はいっそう困難になっています。お香や鐘、色とりどりの帽子などの宗教的な装飾品は、人々の興味を引くと同時に、障害ともなり得ます。なぜなら、人々はそういったものが仏教のすべてであると思いこみ、本質的な部分に目を向けなくなってしまうからです。

私は時折、シッダールタの教えが私の思うようには広がっていないことへのフラストレーションから、またあるときには私自身の野望から、仏教をより簡単に、つまり、より単刀直入で厳格なものに作り直してしまったらどうだろう、と考えることがあります。一日三回の瞑想などの、数えることのできるはっきり決められた修行や、服装の規定、そして全世界を仏教徒に改宗させなければならないといったイデオロギー的信念を導入して仏教を単純化してしまいたいという空想は、（私は時々するのですが）よこしまで見当違いです。このような修行をすればすぐに目に見える結果が得られる、と約束すれば、仏教徒の数はきっと増えるでしょう。しかし、私がそのような空想から我にかえったとき（滅多にないことですが）、自分たちを仏教徒と呼ぶ人々の世界のほうがましな世の中であるとは限らない、と冷静な心が私に警告するのです。

ブッダとは仏教における「神」である、と多くの人が誤解しています。仏教国として広く認識されている韓国や日本、ブータンのような国にさえ、ブッダや仏教に対してこのような有神論的アプローチをとる人々がいます。この本の中で、私がシッダールタとブッダという名前を同義に用いる理由はここにあります。ブッダはもともと普通の人間であり、その普通の人がブッダになったのだということを、みなさんに思い出してもらうことがその狙いです。

仏教徒とは、ブッダという名前を持つ、この実存した人物の信奉者たちである、と考えてしまうのも理解できなくはありません。しかし、敬うべきは人物ではなく、その人物によって説かれた智慧であると、ブッダ自身が指摘しています。同様に、輪廻転生《りんねてんしょう》やカルマが仏教の最も重要な考え方である、と当たり前のように思われたりもしています。ひどい誤解はほかにも数え切れないほどあります。たとえば、チベット仏教は時として「ラマ教」と呼ばれ、禅に至っては、仏教とすらみなされないことがあります。また、多少の知識はあっても思い違いをしている人々は、意味をよく理解せずに空性《くうしょう》や涅槃《ねはん》などの言葉を使っています。

私が飛行機で隣の席の男性としたような会話が持ち上がったとき、仏教徒でない人は「仏教徒であるというのは、どういうことなのですか」と気軽に尋ねるでしょう。しかしこれは最も答えにくい質問です。その人が真剣に答えを求めているとしたら、それに対する完全な返答は、食事の席での軽い会話などでできるものではありません。また、一般論を用いて説明しようとすれば、誤解を招く恐れがあります。この問いに対して真の答えを返すのだとすれば、それは、二千五百年の歴史を持つこの伝統の基盤そのものを指し示すことになります。

仏教徒とは、次の四つの真実を受け入れた者のことを言います。

組み合わせによって成り立つすべてのものは無常である。
すべての感情は苦しみである。
すべてのものは本質的には存在しない。

涅槃とは概念を超越したものである。

これら四つの言葉はブッダ自身によって語られたものであり、「四法印《しほういん》」として知られています。昔から、**印**はあるものの真正性を裏付ける証明のような意味合いを持ちます。ここからは、話をわかりやすくスムーズにするために、これら四つの言葉を、印と呼ぶと同時に「真実」と呼ぶことにしましょう。苦しみの性質について語った、仏教における四聖諦《ししょうたい》とは混同しないよう注意が必要です。四法印には仏教のすべてが含まれていると信じられているにもかかわらず、人々はそれについてあまり聞きたくはないようです。多くの場合、こちらがさらに説明をする間もなく彼らの気は滅入ってしまい、それ以上興味をかき立てることができないまま話題はほかへと移り、この会話は終了となるのです。

四法印の教えはその言葉どおりに理解されなければならず、隠喩的に、あるいは神秘的にとらえられるべきではありません。また、真剣に受け止められるべきものです。しかし、これらの印は命令やおきてではありません。少し考えてみれば、四法印に道徳的、儀礼的要素がないことは明らかです。そこには良い行いや悪い行いといったことは書かれていません。これらは宗教とは関係のない、智慧にもとづく真実であり、仏教徒にとっての最大の関心事が、この智慧なのです。道徳や倫理はそれほど重要ではありません。ちょっと夕バコをふかしたり、多少遊び回ったからといって、仏教徒になれないわけではないのです。しかし、これは不正や不道徳をはたらいてもよいという意味ではありません。
大まかに言えば、智慧は、仏教徒が「正しい見方」と呼ぶものをそなえた心によってもたらされます。とはいえ、自分のことを仏教徒とみなさなくても、正しい見方をもつことはできます。究極的には、この見方が私たちの動機や行動を決定づけます。見方は、仏教の道を歩む私たちを導く役割を果たすのです。四法印を受け入れることに加えて、良い行いを実践することもできたなら、私たちはより良い仏教徒になることができるでしょう。
それでは、仏教徒ではない、というのはどういう場合でしょうか。

組み合わされたり、作り上げられたりしたすべてのものは無常であるということを受け入れられず、永遠に存在する本質的な物質や概念があると信じているとしたら、あなたは仏教徒ではありません。

すべての感情は苦しみであるということを受け入れられず、純粋に心地よい感情もあると信じているとしたら、あなたは仏教徒ではありません。

すべての現象は幻想であり空《くう》であるということを受け入れられず、本質的に存在するものがあると信じているとしたら、あなたは仏教徒ではありません。

また、悟りというものが時間、空間、そして力の及ぶ範囲の中に存在すると考えているとしたら、あなたは仏教徒ではありません。

それでは、仏教徒であるとはいったいどういうことなのでしょうか。あなたは仏教国や仏教徒の家庭に生まれなかったかもしれませんし、法衣をまとったり、頭を剃ったりしていないかもしれません。肉を食べ、EXILEや安室奈美恵に憧れを抱いているかもしれません。しかしそうであったとしても、あなたが仏教徒になれないということはありません。仏教徒になるためには、組み合わせによって成り立つすべての現象は無常であり、すべての感情は苦しみであり、すべてのものは本質的には存在せず、悟りとは概念を超越したものだ、ということを受け入れる必要があるのです。

これら四つの真実を、常に際限なく意識している必要はありませんが、心に留めておかなければなりません。自分の名前を絶え間なく思い起こしながら生きていなくても、誰かに名前を尋ねられれば、瞬時に思い出せるのと同じことです。そこに疑いの余地はありません。ブッダの教えを聞いたことがない人でも、釈迦牟尼仏《しゃかむにぶつ》の名前を一度も聞いたことがない人でも、これらの四法印を受け入れる人はみな、ブッダと同じ道をたどっていると考えることができます。

飛行機で隣り合わせになった男性にこれらのことを説明しようとしていると、静かないびきの音が聞こえ始め、彼がぐっすり眠りこんでしまっていることに気がつきました。どうやらわれわれの会話は、彼の退屈しのぎにはならなかったようです。

私はものごとを一般化することが好きですので、本書においても一般論を大量に用いていることに気づかれると思います。しかし、このことについての自分への言い訳として、私たち人間がコミュニケーションをとる手段は、一般化することのほかにあまりないのではないかと思うのです。そして、これ自体も一般論です。

私は、人々を釈迦牟尼仏に従わせようとか、仏教徒にしようとか、仏法を実践させよう、といった目的でこの本を書いたわけではありません。瞑想の技法や実践、真言にはあえて言及していません。私の第一の目的は、他の見方との違いをもたらしている、仏教のユニークな部分を指摘することです。アルバート・アインシュタインのような、懐疑的な現代の科学者たちの敬意や称賛をも得た、このインドの王子の言葉とはいったい何だったのでしょうか。はるばるチベットからブッダガヤまで五体投地で巡礼する、何千という人々の心を動かした彼の言葉とは、どのようなものだったのでしょうか。いったい何をもって、仏教は世界の他の宗教と異なっていると言えるのでしょうか。私は、それは突き詰めれば四法印であると考えています。本書では、これらの難しい概念を、私に使える最も簡単な言葉で説明しようと試みました。

シッダールタにとっての優先事項は、問題の本質を探ることでした。仏教は、文化に縛られたものではありません。ある特定の社会だけが仏教の恩恵を受けることはなく、また、政府や政治とも無関係です。また、シッダールタは、学術論文や科学的に証明できる理論には興味がありませんでした。世界が平たいか丸いかといったことは、彼にはどうでもよかったのです。彼にとっての実用性とはそのようなものではなく、彼は苦しみの根本原因を突き止めることを望みました。本書では、彼の教えが、読み終えたらそのまま本棚にしまわれるような、大げさで知的な哲学ではなく、誰もが実践できる、機能的で論理的な見方であることを明らかにできればと思います。そのために、ロマンチックな恋から文明の出現にいたるまで、さまざまな人々の人生のあらゆる側面をたとえ話として用いるよう努めました。こういったたとえはシッダールタが用いたものとは異なりますが、彼が伝えようとしたメッセージは、今でも十分に意義があります。

しかし、シッダールタは、分析することなく自分の言葉を鵜呑みにしてはいけない、とも言われました。したがって、私のような普通の人間の言葉は、なおさら精査されるべきです。この本に書かれている内容を、読者のみなさんはぜひ分析なさってください。

第1章

作り上げられたものと無常

ブッダは天上の存在ではなく、一人の普通の人間でした。ただし彼は王子でしたので、まったく普通の人であったわけではありません。ゴータマ・シッダールタの名で通っていた彼は、カピラバストゥの美しい宮殿に住み、緑豊かな庭園では孔雀《くじゃく》たちが遊び、優しい妻と息子、愛情深い両親、忠実な臣下たちや宮廷に仕える何人もの豊満な女性たちに囲まれ、恵まれた暮らしをおくっていました。彼の父シュッドーダナは、彼の生活に何一つ不自由のないように、そして彼の望みは何でも王宮内で叶えられるように取り計らいました。というのも、シッダールタが赤ん坊のころ、一人の占星術師が、この王子は後に隠者として生きることを選ぶかもしれないと予言しましたが、シュッドーダナはシッダールタが自分の後を継いで王になるものと心に決めていたのです。王宮内での暮らしは贅沢で外界から守られており、とても平和でした。シッダールタが家族ともめることはなく、むしろ彼らを心から愛し、大切にしていましたし、従兄弟の一人と時折気まずくなることを除いては、誰ともいい関係を築いていました。

成長するにつれて、シッダールタは彼の王国やその外の世界について知りたいと思うようになりました。息子のたっての願いに根負けした王は、王宮の外へ出かけることを許可しました。しかし王は、王子には美しく健全なものだけを見せるようにと馬車の御者チャンナに厳しく命じました。こうしてシッダールタは、山や川、そして地球上の自然の豊かさすべてを心から堪能しました。しかしその帰路、二人は道端で病気の耐え難い苦痛にうめく一人の農民に出くわしました。生まれて以来、宮中のたくましい護衛や健康な女性たちに囲まれて暮らしてきたシッダールタにとって、人のうめき声や、病気にやつれたからだは大変衝撃的でした。人間のからだがいかにもろいものであるかを目の当たりにしたことは彼に強烈な印象を与え、シッダールタは重苦しい気持ちで王宮に戻ったのでした。

時が経ち、王子は普通に戻ったように見えましたが、もう一度外出したいと熱望していました。このときもやはり、シュッドーダナはしぶしぶ許可を与えました。すると今度は、歯のない醜い老婆がよろよろと歩いているのがシッダールタの目にとまりました。彼はすぐにチャンナに止まるように命じました。

彼は御者に尋ねました。

「この者はなぜこのような歩き方をしているのか?」

チャンナはこう答えました。

「ご主人様、この女は年老いているのです」

彼はまた尋ねました。

「『年老いている』とはどういうことだ?」

「この女のからだを形作っている要素が長い年月のあいだにすっかり使い古されてしまっ

たのです」

とチャンナは答えました。この光景に動揺したシッダールタは、チャンナに宮殿に戻るよう命じました。

外の世界にはほかに何があるのだろうという好奇心を、シッダールタはもはや抑えることができませんでした。こうして、彼とチャンナは三度目の外出をしました。このときも、彼はその地方の山々や河川の美しさを堪能しました。ところが宮殿に戻る途中、彼らはカゴに乗せられたやせこけた生気のない人間のからだが、四人の担ぎ人に運ばれていくところに遭遇しました。シッダールタは生まれてこのかた、そのようなものを見たことがありませんでした。チャンナは、そのか細いからだは実はもう死んでいるのだと説明しました。

シッダールタは「死はほかの人間にも訪れるのか?」と尋ねました。

チャンナは答えました。「はい、ご主人様。死は誰にでも訪れます」

「私の父や息子にもか」

「はい、すべての人に訪れます。金持ちでも貧乏人でも、身分が高かろうが低かろうが、誰も死から逃れることはできません。死はこの地上に生まれた者すべての宿命なのです」

シッダールタが悟りの幕開けをむかえたこの話を聞いて、彼はなんて世間知らずなのだろうとはじめは思うかもしれません。一つの王国を統治するべく育てられた王子が、これほど単純な質問をするのは奇妙なことに思われます。しかし、世間知らずは私たちのほうなのです。情報が氾濫する今の時代、私たちのまわりには断頭や闘牛、血なまぐさい殺人などといった腐敗と死のイメージがあふれています。これらのイメージは私たちに自らの宿命を思い起こさせるどころか、娯楽と金儲けのために使われています。死は消費される商品となってしまったのです。たいていの人は死の性質について深く考えようとしません。私たちの肉体や環境が不安定な要素で構成されていて、ほんの些細なことで崩れ去ってしまうということを認めようとはしないのです。もちろん、私たちは自分がいつか死ぬことを知っています。しかし、病気の末期と診断されたのではないかぎり、ほとんどの人が当面は大丈夫だと思っています。ごくまれに死について考えるとしたら、「**いったい自分はどれくらいの遺産を相続するだろう**」とか、「**私の遺灰はどこに撒かれるのだろう**」と思うときぐらいでしょう。そういった意味で、私たちは世間を知らないのです。

シッダールタは三度目の外出の後、自分の家来たちや両親、そして誰よりも愛してやまない妻のヤショーダラーや息子のラーフラを、必ず訪れる死から守ることのできない自分の無力さにひどく落胆しました。彼には貧困や空腹、住む家がないといった苦難を避ける手立てはあっても、彼らを老いや死から守ることはできませんでした。このような考えで頭がいっぱいになったシッダールタは、死について父親と話し合おうとしました。すると王は、自分の目には理屈っぽいジレンマと映るものに対して王子がこれほど心を奪われていることに、当然のことながら戸惑いました。また、シュッドーダナは、彼の息子が予言どおり王国の正当な継承者としての地位を捨て、苦行の道を選ぶのではないかとますます心配になりました。当時は、身分の高い裕福なヒンドゥー教徒が苦行者になることもあり得たのです。シュッドーダナは表向きにはシッダールタの執着を退けようとしましたが、予言を忘れることはありませんでした。

これはつかのまの憂鬱な考えではありませんでした。シッダールタはこの考えに取り付かれていたのです。王子がこれ以上意気消沈してはいけないと、シュッドーダナは彼が王宮の外へ出ることを禁じ、お付きの者たちに息子から目を離さないよう密かに指示しました。その一方で、子どもを心配する父親なら誰でもそうするように、王は王子の目が死や衰えの痕跡に今後一切触れることがないよう覆い隠し、できるかぎりの手を尽くして状況をよくしようとしたのです。

赤ちゃんのガラガラのように私たちの気をそらすもの

私たちはみな、いろいろな意味でシュッドーダナに似ています。私たちは日々、真実から自分や他者を守りたいという衝動にかられています。衰えを示すわかりやすい兆候に対して無感覚になり、「くよくよ悩まない」で前向きに考えることで自分を元気づけようとします。誕生日にはロウソクを吹き消して祝いますが、消されたロウソクは私たちがまた一年死に近づいた合図でもあるという事実には目を向けません。また、東京の渋谷スクランブル交差点でのカウントダウンで新年を盛大に祝いますが、古い年は二度と戻ってこないこと、そして新しい年は不確実性に満ちていて何でも起こり得るという事実から目をそらします。

その「何でも」が気にくわない場合には、母親がガラガラやおもちゃで子どもの気をそらすように、私たちは意図的に自分の注意をほかへと移します。気分が落ち込んでいれば、買い物に出かけ、自分にご褒美《ほうび》を贈り、映画を観に行きます。いろいろな空想を巡らせ、人生の目標を設定します。海岸沿いの家、盾やトロフィー、かっこいい車、いい友達と家族、名声、ギネスブックに載る、などといったように。晩年にさしかかると、一緒にクルージングに出かけたり、血統書付きのプードルを飼ったりできる、献身的な伴侶を求めます。雑誌やテレビはこういった幸せや成功の模範例を紹介して繰り返し印象付け、私たちの心をつかむ新たな幻想を次々に生み出します。このような成功の観念は、私たち大人をあやすガラガラなのです。普段の思考や行動を見ても、私たちが命のはかなさに気が付いていることを示すものはほとんどありません。映画館でくだらない映画が始まるまで時間が過ぎるのを待ったり、テレビのリアリティ番組を見るために急いで家に帰ったりします。コマーシャルを見ながら番組が始まるのを待つあいだにも、今生の残り時間はどんどん減っていくのです。

老いや死を垣間見たことで、真実の全体像に触れたいという願望がシッダールタの中にしっかり芽生えました。三度目の外出の後、シッダールタは一人で王宮を抜けだそうと何度か試みましたが、毎回失敗に終わりました。しかし、ある記念すべき夜のこと、いつもの宴会とどんちゃん騒ぎが終わると、不思議な魔法が宮廷内に広がり、シッダールタ以外のすべての人を飲み込みました。シッダールタが広間を歩いて回ると、上はシュッドーダナ国王から下は最も身分の低い召使まで、一人残らず深い眠りに落ちていました。仏教徒は、この集団的な眠気が人類の集合的な功徳の賜物であると信じています。なぜなら、このことが後に偉大な存在を生みだすきっかけとなったからです。

宮廷の女性たちは王族たちをもてなさなくてもいいので、口をだらしなく開けていびきをかき、手足は折り曲げられ、宝石で飾られた指はカレーの中に突っ込まれていました。

まるで押しつぶされた花のように、彼女たちの美しさは失われていました。私たちがその場にいたならすぐにちゃんとさせたかもしれませんが、シッダールタはそうはしませんでした。この光景は、彼の決意をよりいっそう強いものにしました。なぜなら、彼女たちの美の喪失は、無常のさらなる証拠であったからです。みんなが眠り呆けているあいだに、シッダールタはついに誰にも気付かれることなく王宮を抜け出すことができました。ヤショーダラーとラーフラを最後に一目見たあと、シッダールタは夜の闇の中へと消えていきました。

私たちとシッダールタには、共通点がいくつもあります。私たちは孔雀に囲まれた王子ではないかもしれませんが、仕事やペットの猫、そして多くの責任を抱えています。私たちにも自分の宮殿——下町のワンルームアパート、郊外の庭付き一戸建て、東京湾に面したタワーマンションなど——があり、私たちにとってのヤショーダラーやラーフラがいます。そして、物事がうまくいかないことは日常茶飯事です。電化製品が壊れたり、近所の人が言い争いをしたり、屋根から雨漏りしたりします。愛する人が死んだり、そうでなくても、シッダールタに仕える女性たちのように口をポカンと開けた寝起き前の顔がまるで死人のように見えるかもしれません。また、彼らは古びたタバコや昨晩のガーリックソースのような匂いがするかもしれません。彼らはしつこく小言を言い、食事のときには口を開けてくちゃくちゃと噛《か》みます。しかし、私たちはそんな状況から抜け出そうとはせず、自ら進んでその場所に留まり続けています。あるいは、嫌気がさして**これ以上耐えられない**と思えばその相手と別れるかもしれませんが、結局はまた別の相手と最初からやり直すことになるのです。自分にぴったりのソウルメイトや完璧な理想郷がどこかで待っているという希望や信念を持つ私たちは、このような繰り返しにうんざりすることはありません。日々の中で苛立たしいことに直面すると、私たちは反射的に、それを正し、直すことは可能であるし、歯は磨けばきれいになるし、また完全になれる、と考えるのです。

また、私たちは人生のさまざまな学びを通して、いつの日か完璧な成熟の境地に達するはずだと思っているかもしれません。〔映画『スター・ウォーズ』シリーズに登場する〕ヨーダのような年老いた賢者になることを期待しますが、成熟が衰えのもう一つの側面でしかないことには気付いていません。もう何も直す必要がない段階に到達できるという期待に、私たちは無意識のうちに魅了されます。「いつまでも続く幸せ」をいつか手に入れることが出来るはずだ、と。私たちは「解決」という概念を信じて疑いません。それはあたかも、今まで自分が経験してきたことや、今この瞬間までの自分の人生のすべてはリハーサルであったのだ、というようなものです。人生の本番はまだこれからだと信じているため、今日を生きるということをしません。

たいていの人にとって、この終わりのないやり繰りや、やり直しやアップグレードが「人生」の定義です。実際のところ、私たちは人生が始まるのを待っているのです。聞かれれば、ほとんどの人は、ハワイや温泉リゾートでの悠々自適な退職後の生活というような、未来の非の打ち所のない瞬間のために働いているのだと答えるでしょう。あるいは、中国の絵画に描かれているような森に囲まれた理想的な景色の中に住み、滝や鯉の泳ぐ池を見渡せるお茶室で静かに瞑想しながら過ごす晩年を夢見ているかもしれません。

また、私たちは自分が死んだ後もこの世界が同じように続いて行くと思いがちです。はるか昔から同じ太陽が輝き、同じ惑星が回転していると思っている私たちは、それが当然続くものと思っています。そして、この地球は自分の子どもたちによって受け継がれていくのだと。このことは、この世界とすべての現象が常に変化し続けていることに対して、私たちがいかに無知であるかを示しています。子どもたちが必ずしも両親より長生きするとは限らないし、また生きているあいだも、両親の理想の姿と一致するとは限りません。小さいころはお行儀がよくて可愛かったあなたの子どもが、さまざまな愛人を次々と家に連れ込むコカイン中毒の悪党に育つかもしれないのです。同性愛などあり得ないと思っている両親の子どもが大胆な同性愛者になることがあるかと思えば、この上なくおおらかなヒッピーの子どもが新保守主義者になったりもします。それにもかかわらず、私たちは家族の典型というものにこだわり続け、血筋、あご筋、名字や伝統が子孫に受け継がれていくことを願います。

真実の探求は悪いことのように見えるときがある

理解しておくべき重要なことは、王子が家族に対する責任を放棄したのではないということです。彼は、徴兵を逃れて有機農業のコミュニティに参加したり、ロマンチックな夢を追いかけたりしたわけではありません。家族はそうは見なかったかもしれませんが、彼は、快適な暮らしを犠牲にして家族のために必要で価値あるものを手に入れるという、夫としての決意をもって家を出ました。翌朝のシュッドーダナの悲しみや失望は想像することしかできません。それは、六〇年代のヒッピーたち（その多くも裕福で経済的に満ち足りた暮らしぶりの家庭の出身でした）のように、十代の子どもが理想郷を追い求めてカトマンズやイビサ島（スペインの観光地）へ行ってしまったことを知った現代の親たちが経験する落胆と同じものでした。ベルボトムのジーンズを履いたり、ボディーピアスをしたり、髪の毛を紫色に染めたり、刺青を入れたりする代わりに、シッダールタは華美な衣服や装飾品を脱ぎ捨てることで反抗しました。学識のある貴族の証であるこれらの物を捨て去ったシッダールタは、一枚の布きれのみを身にまとい、遊行する托鉢僧になったのです。

人を人格ではなく持ち物で判断することに慣れてしまっている私たちの社会では、シッダールタは宮廷にとどまって優雅な暮らしを続けながら、一族の名前を継承していくことが期待されるでしょう。この世の中では、ビル・ゲイツのような人が成功した人と見なされます。ガンディーを成功という観点から考えることはほとんどないでしょう。アジアの一部や西洋では、子どもたちが学校で成功するように親が病的なほどのプレッシャーをかけます。子どもたちがアイビーリーグの大学に入るためには、いい成績が必要です。そして銀行で高い地位の職を得るためには、アイビーリーグの学位が必要です。それらはすべて、一族の名を未来永劫に存続させるという目的のためなのです。

あなたの息子が死や老いというものに気づき、華々しい高収入の仕事を突然辞めてしまったと想像してみてください。彼は、一年にたった数週間の休暇を取るためだけに一日十四時間も働いたり、上司にごまをすったり、競争相手を貪欲に吸収合併したり、環境を破壊したり、児童労働に加担したり、常に緊張して暮らしたりすることに、もはや何の意味も見出せなくなってしまったのです。彼は所有する株を売却してすべてを孤児院に寄付したあと、放浪者になりたいと言います。そのときあなたはどうするでしょう？　息子を祝福し、うちの息子はやっとまともな考え方をするようになったと友人たちに自慢して回りますか？　それとも、お前は無責任極まりないと息子に言い、彼を精神科医おくりにするでしょうか？

王子が宮廷での暮らしに背を向けて未知の世界に入って行った理由は、単に死や老いに対して嫌悪を覚えたからではありませんでした。シッダールタがこのような極端な行動に出なければならなかったのは、今までこの世に生を受けたすべての生き物、そしてこれから生まれてくるであろう生き物のすべてがこのような宿命にあるという事実に、彼が合理的な説明をつけることができなかったからです。生まれた者がすべて衰えて死んでゆかなければならないのだとしたら、庭の孔雀たち、宝石類、天蓋、お香、音楽、王子のサンダルを置くための黄金製のお盆、外国製のワイン入れ、ヤショーダラーやラーフラとの絆、家族、王国などはすべて、何の意味も持ちません。これらはすべて、いったい何のためにあるのでしょうか？　いずれ消えてなくなってしまうか手放さねばならないとわかっているもののために、血と汗を流す正気な人間がいるでしょうか？　宮廷での見せかけの幸せに、どうして浸っていることができるでしょうか？

私たちは、シッダールタはいったいどこへ行くことができただろうかと疑問に思うかもしれません。宮廷の中にも外にも、死から逃れられる場所はありません。また、彼の王国のすべての富と交換に、命の延長を手に入れることもできません。では、彼は不死を探求する旅に出かけたのでしょうか？　それが無駄であることを私たちは知っています。ギリシャ神話に語られる不死の神々の逸話を読んで楽しんだり、中国の伝説に残る始皇帝が遠く離れた国に大勢の童男童女を送り、不老不死の霊薬を探させた話を聞いて面白がったりしたことが誰にでもあるでしょう。シッダールタもまた、同じものを探していたのだとあなたは思うかもしれません。確かに、妻や子どもを永遠に生かすことはできないという点では、シッダールタはある種の甘い考えでもって宮殿を後にしたと言えるかもしれません。しかし、彼の探求は無駄なものではありませんでした。

ブッダが見つけたもの

科学的な道具を一切持たずに、シッダールタ王子はインドボダイジュの下に広げたクシャの葉の上に座り、人間の本質を探りました。長い黙想の後、彼はある結論に達しました。それは、私たちの肉体や骨を含むすべての形あるもの、そして私たちのすべての感情や知覚は、組み合わせによって成り立っているということでした。つまり、それらは二つ以上のものが一体となることで出来上がっているのです。二つ以上の構成要素が一体となったときに、新しい現象は現れます。釘と木はテーブルになり、水と葉はお茶になり、恐れと信仰心、そして救世主は神になります。この最終的な産物は、それを構成する部分から独立しては存在できません。それが真に独立して存在すると信じることが、最大のまやかしなのです。それと同時に、部分部分は変化をとげています。部分と部分が出会うことでそれらの性質は変化し、それらが一体になることでまた別のもの――つまり「組み合わせによって成り立つもの」――へと変容するのです。

彼は、このことが人間の経験のみならず、すべての事柄や世界全体、そして宇宙にも当てはまることに気づきました。なぜなら、あらゆるものが相互に依存しており、変化をとげるからです。それだけで独立して、永遠に、純粋な状態で存在する要素は、森羅万象において一つもありません。あなたが今手に持っている本も、原子も、また神々に至ってもそうです。腕が四本ある人間といったような想像の産物であったとしても、私たちの心が届く範囲にあるかぎり、それはなにか別のものの存在に依存しています。こうして、シッダールタは無常というものが私たちの通常考えるような死ではなく、変化を意味することを発見しました。別のものとの関係性において、たとえごくわずかでも変化するものはすべて、無常の法則に支配されているのです。

これらの気づきにより、シッダールタは死ぬべき運命にあることの苦しみを回避する方法をついに見出しました。彼は、変化を避けることはできず、死はくりかえされる変化の一部にすぎないことを受け入れたのです。さらに、死ぬ運命を覆せるような絶対的な力を持つ者が存在しないことも理解しました。したがって、希望という罠にはまることもありません。なぜなら、盲信的な希望がなければ失望もないからです。すべてが無常であることを知っていれば、何かをつかもうとはしないでしょう。何かをつかもうとしなければ、あるか、ないかという観点で考えることはなく、そうして初めて、人は満ち足りた生き方ができるのです。

シッダールタは、永遠という幻想から目覚めました。そのことから、私たちは彼のことを、目覚めた者を意味するブッダと呼びます。二千五百年が経った今、彼が発見して説いた教えは、教育のある者から文盲者、裕福な者から貧しい者、アショーカ王からアレン・ギンズバーグ、フビライ・ハーンからガンディー、ダライ・ラマ法王からビースティー・ボーイズ、そして松尾芭蕉からスティーブ・ジョブズまで、何百万という人々にひらめきを与えてきた尊い宝であることが見て取れます。その一方で、シッダールタがもし今日ここにいたならば、彼の発見がほとんど活用されていないことに相当落胆したはずです。しかし、それは素晴らしい現代技術によって彼の発見がくつがえされたということではありません。永遠の命を手に入れた人は一人もいません。誰もがいずれ死ぬ運命にあり、およそ二十五万人の人が毎日死んでいきます。誰でも身近な人を亡くしたことがあるでしょうし、今後も亡くすでしょう。それにもかかわらず、愛する人が死ぬと私たちは相変わらずショックに打ちひしがれて嘆き悲しみ、若返りの泉や長生きの秘薬を探し求めます。健康食品の店に通い、ビタミンC誘導体入りの美容液をぬり、エステやパワーヨガ教室に通い、朝鮮人参を飲み、美容整形手術を受け、コラーゲン注射をし、保湿ローションを塗ったりするのは、私たちがひそかに始皇帝と同じように不老不死を望んでいる証なのです。

シッダールタ王子は、もはや不老不死の霊薬など必要とせず、欲しいとも思いませんでした。あらゆるものが組み合わせによって成り立っていること、それは無限に分解できること、そして、それだけで独立して、永遠に、純粋な状態で存在する要素は森羅万象において一つもないことに気づいたことで、彼は悟りに至ったのです。組み合わされたもの（これまでに説明したとおり、これはあらゆるものを指すわけですが）はすべて、その無常な性質との抱き合わせで存在しています。それはちょうど、水と氷のようなものです。私たちが飲み物に氷を入れると、水と氷の両方が得られます。それと同じように、誰かが歩いているのを見ると、その人がとても健康であったとしても、シッダールタにはその人が生きていると同時に朽ちていくのが見えました。それが楽しい生き方だとは思えない、とあなたは思うかもしれませんが、物事の両面が見えるというのは素晴らしいことでもあります。希望と失望のあいだをジェットコースターのように上がったり下がったりせずに済みますから、とても満ち足りた気持ちでいられるかもしれません。物事に対してこのような見方をすると、それらは私たちの周りで溶解し始めます。現象に対するあなたの認識が変化し、ある意味でより明瞭になります。人々がどのようにジェットコースターに巻き込まれていくのかが容易にわかり、彼らに対して自然と慈悲を抱くようになります。無常がこれほど明白であるにもかかわらず、人々にはどうしてもそれが見えないことが、慈悲を抱く理由の一つです。

「今のところは」ということ

本来的に、組み合わせるという行為は時間に縛られており、始まりと中間、そして終わりがあります。この本は以前には存在していませんでしたし、現在は存在しているように見えていても、やがて朽ちてバラバラになります。同じように、昨日存在していた自分――つまり**あなた**――は今日存在している自分とは違います。昨日の不機嫌が今日は直っていますし、何かを学んだかもしれません。新しい記憶が増え、膝のすり傷も少し治ってきています。一見継続的であるように思える私たちの存在は、時間に縛られた始まりと終わりの連続で構成されているのです。この世の創造にさえ、時間は必要です。この世が存在する以前の時間、この世が生み出される過程の時間、そして創造という行為の終わりがあるはずなのです。

全能の神を信じる人たちのほとんどは、彼らの時間の概念を分析しません。なぜなら、神は時間とは関係なく存在していると考えられているからです。しかし、全知全能の創造主という存在を認めるためには、時間の要素を考慮に入れる必要があります。この世界が常に存在していたのであれば、天地創造の必要はなかったはずです。しかし、天地創造があったということは、それ以前の一定期間、この世界は存在していなかったことになり、そのためには一連の時間の流れが必要となります。創造主——仮に神だとしましょう——も必然的に時間の法則に従うことになりますから、彼もまた、変化を避けることはできません。たとえそれが、この世界を創造するというたった一度限りの変化であったとしてもです。それでいいのです。普遍的で永久に存在する神は変化できません。それより、むしろ祈りに答え、天気の移り変わりをもたらしてくれるような、永遠でない神のほうがいいのです。しかし、神の行為が数々の始まりと終わりの集合体であるかぎり、神は無常であり、言い換えれば、不確実性を伴い信頼できないものなのです。

卵がなければオムレツはできないし、水がなければ氷はできません。始まりがなければ終わりはありません。ある一つの存在は別の何かに大いに依存していますから、真の意味での独立などあり得ません。この相互依存のために、たとえばテーブルの脚といったように、一つの構成要素がほんの少し変化しただけでも、テーブル全体の完全性が損なわれ、不安定になります。私たちは変化をコントロールできると思いがちですが、たいていの場合は不可能です。なぜなら、私たちの気付いていない、目に見えないさまざまな影響がそこに及んでくるからです。また、この相互依存のために、あらゆるものが現在あるいは元の状態から崩壊することを免れません。すべての変化は、死の要素を内包しています。今日は昨日の死なのです。

ほとんどの人が、生まれたものはすべて、いずれ死ななければならないということを受け入れています。しかし、この「すべて」と「死」という言葉の定義は、人によって異なるかもしれません。シッダールタにとって、**誕生**とは森羅万象を指すものでした。花々やきのこや人間だけではなく、生まれたものすべて、そして何らかの形で組み合わされたもののすべてを指したのです。また、彼にとっての**死**とは、あらゆる種類の崩壊や分解を意味しました。シッダールタには研究助成金もなければ、助手もいませんでした。灼熱のインドの土埃とたまに通りかかる何頭かの水牛だけが、彼を見守っていました。そのような状況の中で、彼は無常という真実を深遠なレベルで悟ったのです。彼の悟りは、新星を発見するといったような華々しいものでもなければ、道徳的な思慮分別を説教するためのものでも、社会運動や宗教を起こすためでも、予言でもありませんでした。無常とは、ごくありふれた単純な事実です。組み合わせによって成り立っているいたずら好きな何かが、いつの日か永遠の存在になる可能性はほとんどありません。それ以上に、そのようなことを証明する能力は、私たちにはありません。それにもかかわらず、私たちはブッダを神格化したり、そうでなければ、高度な技術によってブッダの言葉を覆そうとしているのです。

それでも私たちは無視し続ける

シッダールタが宮殿の門を歩み出てから二五三八年後――何百万という人々が祝い、はしゃぎ、新たな始まりを期待しているころ、そして、ある人々は神を思い出し、また別の人々はセールでここぞとばかりに買い物をしているころ――壊滅的な津波が世界に衝撃を与えました〔二〇〇四年十二月二十六日、スマトラ島沖地震に伴って起きたインド洋大津波を指す〕。最も冷淡な人でさえ、その恐ろしさに思わず息をのんだことでしょう。テレビに映し出される光景を見ながら、オーソン・ウェルズが突然割り込んできてすべて嘘でしたと宣言するか、スパイダーマンが舞い降りて人々を救出してくれたらいいのにと思った人もいたことでしょう。

津波の被害者たちが海岸に打ち寄せられるのを見たとしたら、シッダールタ王子はひどく悲しんだに違いありません。しかし、私たちがこのことに非常に驚いたという事実に、彼はよりいっそう悲嘆に暮れたことでしょう。なぜなら、それは私たちが無常を否定し続けていることの証明だからです。地球は不安定なマグマでできています。オーストラリア、日本、アメリカといった陸地は、どれもいまにも葉からすべり落ちようとしている水滴のようなものです。しかし、高層ビルやトンネルの建設が止まる気配はありません。また、使い捨ての割り箸や無駄なダイレクトメールのための貪欲な森林伐採は、ただひたすら無常を加速させています。いかなる現象が終わりを迎える兆候を見せたとしても、それは驚くべきことではないはずなのに、私たちはなかなかそのことに納得できないのです。

津波のような壊滅的な警告を受けた後でさえ、数々の死や惨状はすみやかに覆い隠され、忘れ去られていきます。多くの家族が愛する人の遺体の身元確認のために訪れたのとまったく同じ場所に、豪華なリゾートホテルが建てられます。幸福がいつまでも続くことを願う世界中の人々が、現実を組み合わせたり、作り上げたりといったことに熱中し続けるでしょう。「いつまでも続く幸せ」を願うのは、永遠への欲望が姿を変えたものでしかありません。「永遠の愛」「永久に続く幸せ」「救済」といった概念を作り出すことは、無常の証拠をさらに生み出すことになります。私たちの意図と結果が一致していないということです。私たちは自分の地位や世界を確立しようとしますが、創造の瞬間から劣化が始まっていることは忘れています。衰退を目指しているわけではないのに、私たちの行為は衰退へと直結しているのです。

ブッダは、少なくとも無常という概念を常に心に留めるよう努め、それを意図的に覆い隠すことはしないように、と言われました。あらゆる現象が組み合わせによって成り立っていることを意識していると、物事が相互依存の関係にあることがわかります。この相互依存性を理解することによって、私たちは無常を理解することができます。そして、万物が無常であることを覚えていれば、憶測や、融通のきかない頑固な（宗教的、一般的）信念、さまざまな価値観、盲目的な信仰といったものにとらわれにくくなります。このような意識を持つと、個人的、政治的、あるいは恋愛の場面において必要以上に感情的にならずに済みます。物事は一〇〇パーセント私たちの思いどおりにはならないし、今後も決してそうなることはないということがわかり始め、物事が私たちの希望や恐れのとおりになることも期待しなくなります。何かがうまくいかなかったとしても、そこには数え切れないほどの原因と条件が関わっていますから、誰も責めることはできません。このような意識は、想像の及ぶかぎりの遠くの世界から、原子よりも微小なレベルにまで向けることができます。原子ですら、信用はできないのです。

不安定さ

今、あなたがこの本を読みつつ座っているこの地球という惑星は――先に隕石が衝突して砕け散らないかぎり――いずれ火星のような生命のない場所になります。そうでなければ、巨大火山の噴火によって太陽の光が遮断され、地球上のあらゆる生命が死滅するかもしれません。私たちがロマンチックな気持ちで見上げる夜空の星の多くは、とっくの昔に消滅しています。私たちが見ているのは、百万光年前に死滅した星が放っていた光なのです。一方、この壊れやすい地球の表面では、大陸が今も移動を続けています。三億年前には、現在のアメリカ大陸は地質学者がパンゲアと呼ぶ巨大な大陸の一部でした。

しかし、変化を目の当たりにするのに三億年も待つ必要はありません。帝国という壮大な構想は、人の寿命ほどの短い時間のあいだに、熱い砂の上にこぼれた水の染みのように消えていきました。たとえば、かつてインドには英国に住む女王が君臨し、彼女の旗は世界中の国々でひるがえっていました。しかし、今ではそんな英国にも太陽は**沈みます**。私たちが自分のアイデンティティとして大変こだわっている、いわゆる国籍や人種といったものも常に変化しています。たとえば、かつて自分たちの領土を何百年ものあいだ支配したナバホの戦士たちは、現在では少数民族として狭い保留地に押しやられています。そして、ここ二百五十年のあいだにヨーロッパからやって来て住みついた移民たちが、今では多数派の支配層となっています。また、中国の漢民族の人々はかつて満州人を「彼ら」と呼んでいました。しかし、その後中国は多くの民族から成る共和国になることに決めたので、今では満州人は「我ら」です。しかし、このような絶え間ない変化にもかかわらず、私たちは命がけで強大な国を建設し、国境線を引き、社会を作るために奮闘してきました。政治体制をめぐる闘いのために、何世紀ものあいだにどれだけの血が流されたことでしょう。それぞれの体制は、そのときの経済状態、収穫の良し悪し、個人的な野望、指導者の心血管の状態、色情や愛情、運といった数え切れないほどの不安定な要素で形づくられ、成り立っています。歴史に名を残した指導者たちもまた、不安定な立場にありました。不透明な土地取引のために信用を失った者もいれば、ライバルをことごとく闇に葬ることで権力を握った者もいるのです。

　無常の複雑さと、組み合わせによって成り立つあらゆる現象の不安定さは、国際政治の場においてより顕著に見られます。なぜなら、「同盟国」と「敵国」の定義は常に移り変わるものだからです。過去に、アメリカは「共産主義」と呼ばれる敵に対して盲目的に攻撃を仕掛けていた時期がありました。偉大な社会的英雄であるチェ・ゲバラでさえ、ある特定の政党に属し、ベレー帽に赤い星を付けていたためにテロリストとして非難されました。彼は、仕立て上げられたイメージどおりの完全な共産主義者ですらなかった可能性も大いにあります。しかし、その数十年後、アメリカ大統領は北朝鮮の共産主義指導者のことを「とても立派である」と言い、かつてアメリカが非難を浴びせていた事柄については見て見ぬふりをしました。

真実を探し求める旅に同行したいと懇願するチャンナをシッダールタが拒否した理由は、敵と味方の移ろいやすい性質にあったに違いありません。側近中の側近で友人でもあるチャンナにさえ、変化は起こり得るからです。個人的な人間関係において敵と味方が入れ替わることはよくあります。あなたが重大な秘密を打ち明けた親友は、最大の敵になる力を持っています。なぜなら、その人はその親密さを逆手にとり、あなたを攻撃することができるからです。ブッシュ大統領とオサマ・ビン・ラディン、そしてサダム・フセインは、公の場でひどく厄介な仲間割れをしました。長いあいだ馴れ合いの関係を享受していた三人が、典型的な宿敵となったのです。それぞれの信じる「道徳」を強要しようと、互いについての詳細な知識を利用して血みどろの聖戦を開始した結果、何千人もの命が犠牲となりました。

私たちは自分の主義に誇りを持っていて、しばしばそれを他人に押し付けようとしますから、この道徳という概念にもまだいくらかの価値があるようです。しかし、「道徳」の定義は各時代の時代精神に伴って、人類の歴史を通して移り変わってきました。アメリカでは、何が政治的に正しいか否かを示すバロメーターが、信じられないほど常に揺れ動いています。かつてはマッチョなハンフリー・ボガードや威張りくさったハリウッドのプロデューサーがもてはやされましたが、今では「#MeToo運動」〔性的嫌がらせなどの被害体験をツイッターなどで共有する際に使われる言葉〕や性的暴行の告発が注目を集めています。また、さまざまな人種や文化的集団についてどのように言おうとも、必ず誰かの気分が害されます。ルールが常に変化しているのです。あなたがある日、友人を夕食に招いたとしましょう。彼は厳格な菜食主義者なので、あなたは献立を彼に合わせなければなりませんでした。しかし、次に招いたとき、彼は肉が食べたいと言います。彼は、今度はプロテイン・ダイエットを熱心に実践していたのです。あるいは、結婚するまで禁欲を守ると言っていた人が、一度試した途端に性に奔放になるかもしれません。

古代アジア美術には、胸を出して歩く女性の姿が描かれています。より最近であっても、アジアの一部では女性が上半身を服で隠さなくともなんら問題ではありませんでした。しかし、そこへテレビと西洋的価値観という組み合わせによる現象が新しい倫理観をもたらしました。すると突然、ブラジャーを付けないことは道徳的に間違っているということになり、胸を隠さない女性は卑猥と見なされ、逮捕される可能性さえ出てきました。かつては自由な精神を謳歌していた国が、今ではこれらの新しい倫理観をせっせと取り入れ、ブラジャーを注文し、酷暑のモンスーンの時期にさえ胸をできるだけ覆い隠そうとしているのです。胸は本来悪いものではありませんし、胸はなにも変わっていません。道徳観が変わったのです。それによって胸は罪深いものとなり、その結果、ジャネット・ジャクソンの片方の乳房がたったの三秒間露わになったというだけで、アメリカ連邦通信委員会はCBSテレビに五十五万ドルの罰金を科したのです。

原因と条件――茹だってしまった卵はどうすることもできない

シッダールタが「すべての組み合わされたもの」と言ったとき、それはDNAやあなたが飼っている犬、エッフェル塔、卵子と精子といったはっきりと認識できる現象だけを指していたわけではありません。心、時間、記憶、神といったものもまた、組み合わせによって成り立っています。そして、組み合わされた各要素もまた、その存在を何層かの組み合わせに頼っています。同様に、無常を説いたシッダールタが指し示していたのは、一度死が訪れたらそれでおしまい、といった従来の「終わり」の捉え方を超越したものでした。死は、誕生の瞬間、創造の瞬間から途切れることなく起こっています。すべての変化は一種の死であり、それゆえに、すべての誕生は別の何かの死を包含しているのです。ニワトリの卵の料理について考えてみましょう。絶えず起こる変化というものがなければ、卵を料理するという現象が生じることはありません。ゆで卵という結果を得るためには、いくつかの基本的な原因と条件がそろわなければいけません。当然のことですが、卵と、水の入った鍋、そしてそれを熱する器具が必要です。それに加えて、台所、照明、タイマー、卵を鍋に入れる手といった必須とまでは言えない原因と条件もあります。また、停電や、山羊が台所に入ってきて鍋をひっくり返すといった邪魔が入らないという条件も重要です。さらに、ニワトリのような個々の条件もまた、一連の原因と条件を必要とします。このニワトリが生まれてくるための卵を別のニワトリが産まなければならず、そのための安全な場所や、生まれてから成長を助ける食べ物も必要です。ニワトリの飼料がどこかで作られ、このニワトリの口に入らなければなりません。このように、必須の条件やさほど重要ではない条件を原子より小さいレベルにまで分解していくと、それらの姿や形、作用、名称は延々と増え続けます。

これら無数の原因と条件がすべて整い、何も邪魔が入らなければ、結果は必然的にもたらされます。多くの人はこれを宿命や運と勘違いしますが、少なくとも最初の段階においては、私たちが条件に影響を与えることはできます。しかし、ある時点を過ぎてからは、卵が茹だらないよう祈ったとしても、卵は茹だってしまうのです。

この卵のように、**あらゆる**現象が無数の要素によって成り立っていますから、それらは変化します。そして、こういった無数の要素のうち、私たちがコントロールできるものはほとんどありませんから、それらは私たちの期待に反する結果をもたらします。最も見込みのなかった大統領候補が選挙に勝ち、繁栄を国にもたらして人々を満足させるかもしれません。あるいは、あなたが応援していた大統領候補が選挙に勝ち、国を経済的、社会的に荒廃させ、あなたの生活をみじめなものにするかもしれません。リベラルで左翼的な政治は賢明な政治であるとあなたは思うかもしれません。しかし、そのひとりよがりで、不寛容な人々にさえ寛容であることを促す姿勢や、他者の権利を破壊することだけが目的であるような人々の権利を保護する政策のために、実際はファシズムやスキンヘッドを生み出している可能性もあります。このような予測不可能性は、すべての形あるもの、感情、知覚、伝統、愛、信頼、不信、懐疑心といったものや、精神的指導者と弟子の関係、そして人と彼らの神々の関係にまで当てはまります。

これらの現象はすべて無常です。懐疑心を例にとってみましょう。あるとき、懐疑主義者を絵に描いたような一人のカナダ人男性がいました。彼は、法話に参加して仏教の師たちと議論することを楽しんでいました。彼は実際に仏教哲学にかなり精通していましたので、説得力のある議論を展開しました。ブッダの言葉をそのまま鵜呑みにせず分析しなさい、という仏教の教えを引き合いに出す機会を楽しんでいたというわけです。しかし、それから数年が経ったいま、彼はある有名な霊能力者を熱心に信奉しています。究極の懐疑主義者であった彼は、いまや歌を歌うグルの前に座って目から滝のように涙を流し、論理のかけらも示さないこの人物に心酔しているのです。信仰や信心には、揺らぐことのないものという含みが一般的にはありますが、それらもまた、懐疑心やすべての組み合わせによって成り立つ現象と同じように無常なのです。

あなたが自分の宗教に誇りを持っていようが、宗教に属していないことに誇りを持っていようが、信仰はあなたの存在にとって重要な役割を果たします。「信じないこと」にも信仰は必要です。自分自身の刻々と変化する気持ちに基づく論理や理屈といったものを、まったく疑うことなく盲信しているのです。そのため、以前は非常に説得力があると思えていたことに納得できなくなってしまうのは、驚くことではありません。信仰に非論理的な性質があることは明らかです。それどころか、信仰は最も複雑に組み合わさった相互依存の結果存在している現象の一つといえるでしょう。ちょうどいい時に、ちょうどいい場所で、ちょうどいい感じで目が合ったといったことでも信仰は生じることがあります。また、特段深い意味のない一致によって信仰が生じることもあるでしょう。たとえばあなたが女性嫌いであったとします。ある日あなたは、女性に対する憎悪を説く人物に出会います。あなたは彼のことを頼もしく感じて共感し、彼に対してある種の信仰を抱くようになります。お互いにアンチョビが好物だというような些細なことで、あなたの信心はますます深まるかもしれません。あるいは、ある人物や団体が未知のものに対するあなたの恐怖心を和らげるといったことがあるかもしれません。そのほかにも、あなたが生まれた家族、国家、社会といったものはすべて、組み合わされることでいわゆる信仰と呼ばれるものを形成する要素の一部を成しています。

国民の大半が仏教徒であるブータンや韓国、日本、タイなどの国では、仏教の教義が盲目的に実践されています。その一方で、そういった国々の多くの若者は仏教に幻滅してしまいます。信仰という現象が定着するための情報が足りない代わりに、仏教から気をそらせるものが多すぎるため、彼らは別の信仰を持ったり、自分自身の理屈に従うようになるのです。

無常は私たちにうまく作用する

一つのゆで卵が出来上がる過程にさえこのように膨大な数の現象が関与している、というような組み合わせの概念を理解することには、多くのメリットがあります。あらゆるものや状況を成立させているさまざまな要素が見えるようになると、寛容さや理解、偏見のない心、恐れのなさといったものをはぐくむことができます。たとえば、いまだにマーク・チャップマンがジョン・レノン殺害の唯一の犯人であると考える人々がいます。しかし、私たちの有名人崇拝がこれほど過剰でなければ、マーク・チャップマンがジョン・レノンの殺害を空想することもおそらくなかったでしょう。ジョン・レノンを撃ったときに自分はジョン・レノンを生身の人間として見てはいなかったと、チャップマンは事件の二十年後に告白しています。彼の精神的不安定さは、数々の要因（脳内の化学成分、生まれ育った環境、米国のメンタルヘルスのケアシステム）が結集したことによるものでした。病んで苦悩する心がどのように生じ、どのような条件の下で作用しているのかがわかるようになれば、私たちは世界中にいるマーク・チャップマンのような人々をよりよく理解し、許すことができるようになります。ゆで卵のケースと同様に、殺害が起きないようにと私たちが祈ったとしても、それを止めることはできなかったはずなのです。

しかし、このような理解を持ってもなお、マーク・チャップマンに対する恐怖は拭えないかもしれません。それは、彼が予測不可能だからです。恐れと不安は、人間の心の大部分を占める心理状態です。恐れの裏には、確信を持ちたいという絶え間のない渇望が隠されています。私たちは未知のものがこわいのです。心が確証を強く求める根底には、私たちの無常への恐れがあります。

あなたが不確実性を正しく理解でき、互いに関連し合っている要素が変化することなく永遠に存在し続けることは不可能であるということを信じたとき、恐れがなくなります。あなたは本当の意味で、最悪の事態に備えながらも、最良の事態が起こる余地を作ることができるのです。あなたは堂々として、威厳に満ちあふれます。このような性質を備えると、仕事をしたり、戦ったり、和解したり、家庭を築いたり、愛情や人間関係を楽しんだりする能力も高まります。何かがすぐそこであなたを待ち構えていることを知り、今この瞬間の先には数限りない可能性が存在することを受け入れたあなたは、意識を広く行きわたらせる能力、そして優れた軍司令官のように将来を見通す能力を身に付け、疑心暗鬼ではなく心の準備ができた人になることができるのです。

無常が存在しなければ進歩や改善もあり得ない、というのがシッダールタの考え方でした。空飛ぶ象のダンボもまた、このことを理解しました。子どものころのダンボは、大きな耳のためにみんなから仲間はずれにされていました。彼は一人ぼっちで気が滅入り、サーカスから追い出されるのではないかと不安でした。しかしあるとき、彼はその「不格好な」耳はユニークで特別な価値をもっていることに気がつきました。なぜなら、その耳のおかげで空を飛べるようになり、彼は人気者になったのです。彼が最初から無常を信じていれば、初めにそれほど苦しむこともなかったでしょう。ある状況や習慣、パターンから永遠に抜け出せないのではないかという恐れから解放されるための鍵は、無常を理解することにあるのです。

恋愛関係ほど不安定なものはありませんから、組み合わせによって生じる現象や無常の例としては最適です。本を読んだり、カップル専門のセラピストにかかることで二人の関係を「死が二人を分かつまで」何とか続けていくことができると信じるカップルもあるでしょう。しかし、男性は火星からやってきて、女性は金星からやってきた〔男女関係を専門とする心理学者による本のタイトル〕と知ることで不調和の原因や条件をすべて説明できるわけではありません。このような限られた理解は束の間の平和を作り出すのにある程度は役立つかもしれませんが、人間関係を構成するさまざまな隠れた要因が明らかになるわけではありません。それらの隠れた要因を見抜くことができれば、私たちはすばらしい恋愛関係を楽しむことができるのかもしれません。あるいは、恋愛関係を始めようなどという気が初めから起きなくなるかもしれません。

シッダールタが理解した無常を人間関係に当てはめれば、ジュリエットがロミオに告げた感動的な言葉――「別れとはなんて甘い悲しみなのでしょう……」――に表される歓びを理解することができます。たいていの場合、別れの時というのは人間関係における最も深遠な瞬間です。死による別れも含め、すべての人間関係はいつか終わりを迎えなければなりません。このように考えると、それぞれのつながりをもたらした原因と条件に対する感謝の念が高まります。パートナーのどちらかが不治の病にかかっている場合には、それが特に強烈になります。「いつまでも」という幻想はそこには存在せず、それによって驚くほどの解放感が得られます。相手を思いやる気持ちや愛情が無条件に湧きあがり、瞬間瞬間の中に歓びを見出すことができます。パートナーの死期が近づいていると、その人に愛やサポートを与えることは苦にならず、満ち足りた体験となります。

しかし、私たちは自分たちの余命が常に限られているということを忘れています。生まれた者はすべて死なねばならない、組み合わせによって成り立っているあらゆるものがいずれは壊れてゆくということを、私たちは頭では理解したつもりになっています。しかし感情のレベルでは、物事の相互依存性をすっかり忘れ、永遠を信じているかのような振る舞いにすぐに戻ってしまいます。この習慣は、被害妄想、孤独感、罪の意識といったさまざまなネガティブな心理状態を生み出します。そして、自分は誰かに騙され、脅かされ、不当に扱われ、無視されていると感じ、世の中が自分一人にだけ不公平であるかのような感覚に陥るのです。

美は見る人の目の中にある

カピラバストゥを出発したとき、シッダールタは一人ではありませんでした。夜が明ける前、家族や召使たちがみな寝静まる中、彼は馬車の御者であり一番信頼のおける友人であるチャンナが眠る馬小屋へ行きました。チャンナは、シッダールタが付き人を連れていないのを見て唖然としましたが、主人に指示されるままシッダールタの一番のお気に入りの馬カンタカに鞍を乗せました。二人は誰にも見つかることなく城門をくぐり抜けました。もうだいじょうぶという場所までやって来ると、シッダールタは馬を降り、腕輪や足首飾りを外して身にまとった美しい衣服を脱ぎました。彼はこれらをチャンナに渡し、カンタカを連れて城へ戻るよう告げました。チャンナはシッダールタのお伴をさせてくれるよう懇願しましたが、王子の決意は揺らぎませんでした。チャンナは城へ戻り、王室に今までどおり仕えることになりました。

シッダールタはチャンナに家族への伝言を託しました。これからとても重要な旅に出掛けるので、自分の身を案じる必要はないと。彼はすでにすべての装飾品をチャンナに渡していましたが、最後に一つ残されたものがありました。それは、華麗さと社会的地位、そして王族らしい振る舞いを象徴する美しく長い髪でした。それを彼は自分で切るとチャンナに手渡し、一人で立ち去りました。シッダールタは無常を深く探る旅に乗り出したのです。美と虚栄心のために力を注ぐことは、すでにシッダールタにとっては馬鹿らしいことのように思えました。ただし、彼が批判的であったのは美しさや洗練された身だしなみに対してではありません。ただそれらが本質的に永遠だと信じることへの批判だったのです。

「美は見る人の目の中にある」とよく言われます。この言葉には、実は大変深い意味があります。美という概念は変わりやすいものです。流行を追う人が常に移り変わるように、ファッションのトレンドを左右する原因や条件も常に変化しています。つい二十世紀の中頃まで、中国では幼い女の子の足に布を巻き、長さが八〜十センチを超えて成長しないようにする習慣がありました。この拷問の結果得られた小さな足は美しいと見なされ、男たちは足を縛っていた布の悪臭に対してさえエロチックな歓びを見いだしました。現代の中国の女性たちはまた別の苦痛にさらされています。手術で脛を長くすることで、雑誌の『ヴォーグ』に載っている女性たちのようになろうとしているのです。また、インドの若い女性たちは食事を極端に制限してその豊満な体型を細くしようとしています。アジャンタ石窟の壁画に描かれたようなふくよかで魅力的なからだを、骨ばったパリのモデルのようにしたいのです。西洋の無声映画の女優たちは、その瞳よりも小さな唇を誉めたたえられていましたが、今日の流行りは大きな口とソーセージのような厚い唇です。ひょっとしたら、次のカリスマセレブはトカゲのような唇にオウムのような目をしているかもしれません。そうなれば、厚い唇の女性たちはみな、唇を小さくする美容整形手術にお金をかけることになるでしょう。

無常はいい知らせである

ブッダは悲観主義者や終末予言者などではなく、現実主義者でした。一方で私たちは現実逃避的になりがちです。すべての組み合わされたものは無常であると述べたとき、彼は悪い知らせをもたらそうとしていたわけではありません。それは単純な、科学的事実です。この事実をどのような観点から見て、どのように理解するかによっては、すばらしいひらめきや希望、名誉、成功につながる可能性もあります。たとえば、地球温暖化や貧困の原因が強欲な資本主義にあるかぎり、そのような不幸な状態はくつがえすことができます。これは、組み合わせによって成り立っている現象は無常であるという性質のおかげです。こういった良くない流れを変えるには、組み合わせによって成り立っている現象の性質を単に理解するだけで充分です。神の意志といったような超自然的な力に頼る必要はありません。現象を理解することができれば、あなたはそれを操作し、原因と条件に働きかけることができます。ビニール袋を断るといった小さな努力によってでも、地球温暖化は驚くほど遅らせることができるのです。

原因と条件というものが不安定であることに気がつくと、私たち自身もさまざまな障害を変容させ、不可能を可能にする力を持っていることがわかります。これは人生のさまざまな場面にあてはまります。フェラーリを持っていないのなら、持てるような状況を作り出せばいいのです。フェラーリが存在するかぎり、あなたがそれを所有するチャンスもあります。同様に、長生きがしたければ、タバコを止めてもっと運動をすればいいのです。そこには合理的な希望があります。絶望とは――その反対の盲目的希望と同様に――永遠を信じることによって生じるものなのです。

物質的な世界にとどまらず、感情的な世界も変容させることは可能です。たとえば、野心を手放すことでいらいらした気持ちを安らかな気持ちに変え、思いやりや博愛に基づいて行動することで自尊心の低い状態を自信に変えることができます。また、誰もが人の立場になって考えるように自らを習慣づければ、家族や近所の人々、そして他国の人々とも平和を築いていくことができるはずです。

これらはどれも、組み合わせによって成り立つ現象にどう働きかけることができるのか、ということの世俗的なレベルでの例です。シッダールタは、最も恐ろしい地獄や天罰でさえ無常であることにも気がつきました。なぜなら、それらもまた組み合わせによって成り立っているからです。地獄というものは、罰を受けた者が永遠に拷問を受け続ける、地中のどこかの恒久的な状態として存在するわけではありません。地獄はむしろ悪夢に似ています。象に踏みつけられる夢は、いくつもの条件によって起こります。まず第一に眠りという条件があり、それに加えて過去に象に関して嫌な経験をしたことがあるかもしれません。悪夢の長さに関係なく、その間あなたは地獄にいるのです。その後、目覚まし時計という原因と条件によって、あるいは単に睡眠が終わったことによって、あなたは目を覚まします。悪夢は一時的な地獄であり、私たちが思い描く「本当の」地獄とそれほど違いはありません。

同じように、あなたが誰かに憎しみを抱いていて、その人に対して攻撃や復讐をしたとしたら、それ自体が地獄の経験です。憎しみや政治的操作、復讐はこの世に地獄をもたらしました。たとえば、自分が持つＡＫ47自動小銃よりも身長が低く、からだが細く、体重も軽い少年が、兵士であることに忙しいあまり、たったの一日も遊んだり自分の誕生日を祝ったりすることができないとしたら、これは地獄以外の何ものでもありません。こういった地獄は、原因と条件によるものです。したがって、ブッダが処方したように怒りや憎悪への解毒剤として愛や慈悲を用いることで、そこから抜け出すことも可能なのです。

無常という概念は、アルマゲドンやアポカリプスのようにこの世の終わりを予言するものでも、私たちの罪に対する罰でもありません。無常は本質的に悪いものでも良いものでもなく、複数のものが組み合わされるプロセスの一部に過ぎません。私たちはたいてい無常のサイクルを半分しか歓迎しません。誕生は受け入れられても死は受け入れられず、利益は受け入れられても損失は受け入れられず、試験の終わりは受け入れられてもその開始は受け入れられないのです。真の解放とは、無常のサイクルをまるごと受け入れ、自分に都合のいい事柄に執着しなくなることから生まれます。原因と条件が良くも悪くも移ろいやすく無常であることを忘れなければ、それらを自らに有利に使うことができます。富、健康、平和、名声といったものは、それらと反対のものと同じく一時的なものです。そしてもちろん、シッダールタは天国や天国のような経験を地獄より好んでいたわけではありません。それらも等しく無常なのです。

シッダールタがなぜ「**組み合わせによって成り立つ**すべてのもの」は無常であると言ったのか、疑問に思われるかもしれません。なぜ単純に、「すべてのもの」は無常である、とは言わなかったのでしょうか。**組み合わせによって成り立つ**と限定する言葉を用いず、すべてのものは無常であると言ったとしても、間違いではありません。しかし、この言葉の背後にある論理を成立させるためには、最初の部分――組み合わせ――を常に忘れずにいる必要があります。「組み合わせ」というのは非常にシンプルな概念でありながらも、そこにはいくつもの層が存在します。したがって、それを深く理解するためには、この言葉をいつも心に留めておかなければいけないのです。

この世において存在するものや機能するものはすべて、それが想像上のものであろうと物理的なものであろうと、またあなたの心をよぎるものや心そのものでさえ、永遠に同じ状態を保つことはありません。ある事柄が、あなたが今生を経験しているあいだ、あるいはあなたの次の世代まで同じ状態を維持するかもしれません。しかし一方で、それが思ったより早く分解する可能性もあります。いずれにしても、変化はそのうち必ず起こります。確率や可能性といったものは少しも関与しません。あなたが絶望的になっていたとしても、このことを思い出せばもう絶望する理由はありません。なぜなら、あなたを絶望させている原因もまた変化するからです。あらゆるものが必ず変化します。オーストラリアが中国の一部になったり、オランダがトルコの一部になったりすることはあり得ないことではありません。あなたが他の人間を死に追いやったり、車椅子で生活するようになったりすることもまた、あり得ないことではありません。あなたが億万長者や人類の救済者、はたまたノーベル平和賞受賞者や、悟りを得た人になる可能性だってあるのです。

第2章

感情と痛み

シッダールタは何年にも及ぶ瞑想と苦行のあいだ、苦しみの根源を見つけ出して彼自身の苦しみと他者の苦しみを和らげるという、確固とした決意を持ち続けました。彼は瞑想を続けるため、インドの心臓部に位置するマガダ国へと向かいました。その旅の途中で、シッダールタはソッティヤという名の草売りに会い、その男はシッダールタに一つかみのクシャ草を献じました。このことをシッダールタは吉祥と理解しました。古代インド文化において、クシャ草は清めの物質と見なされていたのです。彼は旅を続けるのではなく、その場所に留まって瞑想をすることにしました。近くにあったインドボダイジュの木の下の平らな石にクシャ草を敷き、そこに座りました。そして、彼は静かにこう誓いました。**たとえこのからだが朽ち果てて塵になろうとも、私は答えを見つけるまで立ち上がらない、**と。

シッダールタが木の下で瞑想をしていると、そのことに気づいた者がいました。魔王マーラがシッダールタの誓いを聞き、彼の決意の固さを察したのです。シッダールタには自分の支配する世界を混乱に陥れる潜在的な力があることを知っていたマーラは、心配で眠れなくなりました。そこでマーラは策略をめぐらし、彼の最も美しい五人の娘をシッダールタの元に送り込み、彼を誘惑して瞑想の邪魔をしようとしました。シッダールタを誘惑することに自信満々の娘たち（アプサラまたは妖精と呼ばれます）は彼のところへ行きました。

ところが、瞑想中のシッダールタに近づくにつれて、彼女たちから美しさが失せ始めました。しわが寄って年を取り、イボができたその肌からは悪臭が漂いました。シッダールタはまったく動じませんでした。落胆したアプサラたちが父親の元に戻ると、マーラは「私の娘たちを拒否するなど、とんでもない奴だ！」と激怒しました。怒り狂ったマーラは、考えられるかぎりの武器を携えた大軍を召集しました。

マーラの軍隊は大挙して攻撃を仕掛けました。しかし、シッダールタに向かって放った矢や槍、石、そして石弓は、標的に近づくやいなや雨のように降り注ぐ花に変わり、彼らは愕然としました。長時間にわたる戦いは失敗に終わり、マーラと彼の軍隊は疲れ果てて敗北しました。最後にマーラはシッダールタのところにやってきて、その巧みな交渉術で彼を説得し、探求をあきらめさせようとしました。これまでの幾生にもわたる試みをここで断念するわけにはいかない、とシッダールタは答えました。それを聞いてマーラは、**あなたがそれほど長いあいだ努力をしてきたことをわれわれにどう証明するのか？**と尋ねました。**証明する必要などない。この大地が証人だ。**シッダールタはそう言うと、地面に触れました。大地が揺れ動き、マーラは跡形もなく消え去りました。このようにして、シッダールタは悟りに達し、ブッダとなりました。彼は自分自身だけでなくすべての人のために、苦しみをその根源から終わらせる道を見つけたのです。彼が最後にマーラと戦った場所は現在ではブッダガヤと呼ばれ、彼がその下に座った木は「菩提樹」と呼ばれています。

これが、仏教徒の母親たちが何世代にもわたって子どもたちに語り聞かせてきた物語です。

個々の幸福を定義する

仏教徒にとって、「人生の目的とは何か?」という問いはあまり意味をなしません。なぜなら、その問いは、どこかの洞窟や山のてっぺんに、人生の究極の目的といったものが存在することを示唆しているからです。またその問いは、私たちが聖人から直に学んだり、本を読んだり、秘儀を習得することで秘密を読み解くことは可能であると示唆することにもなります。もしこの問いが、どこかの誰か、あるいは神がはるか昔に人生の目的という図式をデザインしたという仮定に基づくものだとしたら、それは有神論的な問いかけになります。仏教徒は全能の創造主の存在を信じていません。また仏教徒にとって、人生の目的というものは決められたり、定義付けられたりしてはおらず、その必要があるとも考えられていません。

仏教徒に対してより的を射た問いかけをするとしたら、それはただ「人生とは何か?」

というものでしょう。無常に対する私たちの理解を用いれば、その答えは明白なはずです――「人生とは、組み合わせによって生じる現象が延々と続くものであり、ゆえに人生とは無常である」。人生は、常に移り変わる、一時的な体験の集まりです。また、多種多様な生き物すべてに共通するのは、誰も苦しみを望まないということです。大統領や億万長者から、せっせと仕事に励むアリやミツバチ、そしてエビやチョウにいたるまで、みんな幸福を望んでいるのです。

当然、生き物によって「苦しみ」や「幸福」の定義は大きく異なります。比較的狭い人間界においてでさえ、ある人にとっての「苦しみ」の定義は別の人にとっての「幸福」の定義であり、その逆も有り得ます。ある人にとってはやっとのことで生き延びていくことが幸せであり、また別の人にとっては靴を七百足所有することが幸せです。デビッド・ベッカムの似顔絵の入れ墨を上腕二頭筋に入れることに幸せを見出す人もいます。サメのヒレ、ニワトリの太もも、トラのペニスなどを手に入れることが幸せを意味する場合には、他の生き物の命が代償となります。ある人は優しく羽でくすぐられることをエロチックに感じ、また別の人はチーズおろし器や鞭や鎖を好みます。イギリス国王エドワード八世は、強大な大英帝国の王冠をかぶることよりも、離婚歴のあるアメリカ人女性との結婚を選びました。

一人の人間の中でも「幸福」と「苦しみ」の定義は揺れ動きます。一時の気軽な戯れであったものが、どちらか一方がより真剣な交際を望んだ瞬間にがらりと変わり、希望が恐怖と化したりします。子どものころは、海水浴場で砂の城を作ることが幸せでした。十代になると、ビキニを着た女の子や、上半身裸のサーファーの男の子たちを眺めることを幸福と感じるようになります。中年になるとお金やキャリアが幸せになり、八十代後半には陶器の塩入れを収集することが幸福になります。多くの人にとっては、こういった無数の、絶えず変化する幸福の定義を満たすことが「人生の目的」なのです。

私たちの多くは、「幸福」や「苦しみ」の定義を自分の属する社会から学びとります。つまり、私たちが充足感をどう測るかは社会秩序によって決められています。要は、共有された価値観の問題なのです。喜び、嫌悪、恐れなどの感情は世界のどこでも同じですが、それらのもととなるのは文化によって異なる幸福の尺度であり、遠く離れた文化圏同士では互いに相いれない場合もあるでしょう。中国人にとって鶏の足はご馳走であり、フランス人はトーストにガチョウの肥大した肝臓を塗ることを好みますし、多くの日本人は猛毒を持つフグを味わうために命の危険をも冒します。資本主義が一度も存在したことがなく、すべての人がカール・マルクスの実用的な共産主義哲学に忠実に暮らしている世界を想像してみてください。私たちはショッピングモールや高級車やスターバックスがなくても大変幸せに暮らしていることでしょう。競争もなく、貧富の大きな格差もなく、医療はすべての人に保証され、自転車はフェラーリよりも価値のあるものになっているはずです。しかし現実には、私たちは何を欲しがるべきかを学習します。十年前、ヒマラヤの麓に位置する辺境の王国ブータンでは、ビデオ・レコーダーが誰もが認める富の象徴でした。しかし次第にそれにとって代わり、トヨタのランド・クルーザーを所有することが豊かさと幸福の理想像と見なされるようになりました。

集団の基準を自分の基準と考える習慣は、幼少期に形成されます。たとえば小学校に入りたてのころ、他の子どもたちがみんな同じような筆箱を持っていることに気がつきます。そして、あなたもみんなと同じになるために、それが「必要」だと思います。あなたは母親にねだり、その筆箱を買ってもらえるかどうかにあなたの幸福度が左右されることになります。こういったことは大人になっても続きます。隣の住人がプラズマテレビや新型のＢＭＷを持っているのを見ると、あなたは同じもの、しかし彼らが持っているものよりも大きくて新しいバージョンが欲しくなります。また、他人のものをめぐる競争や欲望は、文化的なレベルにおいても存在します。私たちは、他の文化の習慣や伝統を自分たちのものより高く評価しがちです。最近、台湾のある教師が、中国で何世紀にもわたっておこなわれてきたように髪を長く伸ばしました。彼の風貌は古代中国の戦士のように優雅でした。

しかし校長は、彼が「適切な態度」をとらなければ免職にすると脅しました。「適切な態度」とは、二十一世紀の欧米風の短い髪型という意味でした。今では彼の髪の毛は短く刈り込まれ、まるで電気ショックを受けたかのようです。

中国人が自らのルーツに羞恥心を抱くのを実際に目にしたことは大変驚きでしたが、アジアでは優越感と劣等感の入り交じったこのようなケースを多く見かけます。アジア人は自分たちの文化をとても誇りに思う一方で、それを少し不快で時代遅れだとも感じています。そのような理由から、彼らは服装や音楽、道徳、そして政治制度にいたるまで、生活のほぼすべての領域を西洋式に置き換えてしまったのです。

私たちは個人的そして文化的レベルの両方において、外国や外部の手法を取り入れることで幸福をつかみ、苦しみを取り除こうとします。しかし、このような方法がしばしば意図していたものと逆の結果をもたらすことには、ほとんど気づいていません。取り入れたものへの適応に失敗すれば、そこから新たな不幸が生まれます。なぜなら、私たちの苦しみが解消されていないばかりか、そのシステムにうまくなじめないことで自分の人生から疎外されているように感じてしまうからです。

文化的に定義された「幸福」もある程度は役に立ちます。一般的に言って、銀行にいくらかのお金があり、快適な家に住み、充分な食料があり、ちゃんとした靴が履けるといった基本的な快適さは私たちを幸せにしてくれます。しかし一方で、インドのサドゥーや放浪するチベットの隠遁修行者たちは、鍵束がいらないことを幸せと感じます。彼らは鍵を掛けて保管するようなものを一つも持っていないため、所有物を盗まれる心配とは無縁なのです。

制度化された「幸福」の定義

ブッダガヤのかの有名な場所に行き着くずっと前、シッダールタは別の木の下に六年間座り続けました。彼は何粒かの米とわずかな水しか摂らない食事を続けてやせ細り、からだを洗わず爪も切らなかったため、仲間たち、つまり共に修行をしていた求道者たちの手本となりました。彼は、地元の牛飼いの子どもたちが草で耳をくすぐっても、顔の前でラッパを吹いても気が散ることがないほど自分を厳しく律していました。しかしある日、何年にもわたる極端な欠乏状態の末、彼は気がつきました。**このやり方は正しくない。これは極端な道であり、宮廷の女性たちや孔雀の遊ぶ庭や宝石で飾られたスプーンのように、また一つの罠でしかない**、と。苦行を止めて立ち上がった彼は、近くを流れるナイランジャナー川（現在のファルグ川）で沐浴しました。さらに、彼は乳搾りの娘スジャーターがさしだした新鮮な牛乳さえ口にしたので、仲間たちはひどくショックを受けました。シッダールタが道徳的に悪い影響をもたらす存在であり、一緒にいると修行が妨げられると思った彼らは、シッダールタの元を去っていったと言われています。

誓いを破ったシッダールタを苦行者たちが見捨てたのも理解はできます。人間は常に、物質的な利益のみならずスピリチュアルな方法によっても幸福を得ようとしてきました。世界の歴史の大部分は宗教を中心に展開しています。隣人を愛せよ、布施を施し、黄金律を実践せよ、瞑想をせよ、断食をせよ、捧げものをせよといったような啓蒙的な教えや行動規範によって、宗教は人々を結束させます。しかし、一見有益に見えるこれらの原則も、時として極端で厳格な教義となり、人々に不必要な罪悪感を抱かせ、自尊心を奪ってしまうことがあります。信心深い人々が他の宗教をまったくの不寛容さをもって傲慢に見下し、異文化を抹消し人々を虐殺することを自らの信仰を盾にとって正当化してしまうことは、それほど珍しくありません。このような有害な信心の例は、場所を問わず非常に多く見られます。

人間は組織化された宗教だけでなく、ごくありきたりの知恵や政治的なスローガンなどといったものさえ拠り所にして、幸福を手に入れ、苦しみを和らげようとします。セオドア・ルーズベルトは「正義か平和のどちらかを選ばねばならないとしたら、私は正義を選ぶ」と述べました。しかし、それは誰にとっての正義でしょうか？　私たちは誰の解釈に従うべきなのでしょうか？　過激思想とは、正義の一つの形態を選び、それ以外のすべてを排除することに他ならないのです。

また別の例として、年長者には敬意を持って従い、家族や国家の欠点や不名誉を口外しない、という孔子の知恵が人々に魅力的に映るのも無理はありません。なぜなら彼の教えは非常に実用的であり、この世界でうまくやっていくために役に立ち得るからです。これらは確かに賢いガイドラインかもしれませんが、しばしば検閲や反対意見の弾圧などといった極めて否定的な結果をもたらしてきました。たとえば、「体面を保つ」ことや年長者に従うことに固執するあまり、彼らは隣人や国全体に対して何世紀ものあいだ欺き嘘をつき続ける結果となったのです。

そういった歴史を考えれば、中国やシンガポールをはじめとするアジアの多くの国々における根深い偽善も驚くことではありません。多くの国のリーダーたちは封建制や君主制を非難し、民主主義や共産主義を取り入れるのだと大言壮語します。しかしその同じリーダーが不正を働いても、彼を敬う手下たちによって秘密にされ、彼は一生のあいだ権力を握り続けるか、自ら選んだ後継者にその座を譲るのです。これでは古い封建制度と何ら変わりはありません。法律や司法は、平和を維持し調和のとれた社会を築くことを目的としています。ところが、刑事司法制度は往々にして不正直者や金持ちに有利に働き、貧しい者や罪のない人々はその不公平な法律のために苦しまなければならないのです。

私たち人間は数え切れないほどの方法や道具を駆使し、どんな趣味や職業よりも多くの時間を費やして幸福を追求し、苦しみに歯止めをかけようとします。エレベーターやノートパソコン、充電式バッテリー、食器洗い機、ちょうどいい焦げ具合でパンがポンと出てくるトースター、犬のフン掃除機、電池式鼻毛切り器、暖房便座、マッサージチェア、携帯電話、バイアグラ、床いっぱいに敷き詰めたカーペットなどが作り出されたのはこのためです。しかし、こういった便利な道具は、それと同等の頭痛をもたらします。

国々は領土、石油、宇宙、金融市場、権力をめぐって争い、大きなスケールで幸福の追求と苦しみの食い止めを行っています。彼らは、先制攻撃を仕掛けることで予想される苦しみを回避しようとします。私たち個人がやっているのもそれと同じことです。予防医療を用いたり、ビタミン剤を飲んだり、医者に行って予防接種や血液検査を受けたり、全身のCTスキャンを撮ったりします。私たちは迫り来る苦しみの兆候を探しているのです。そしていったん苦しみを見つければ、すぐにその治療法を探します。苦しみをできるだけ長く取り除き、欲を言えば問題を根っこから除去するための新しい技術や治療薬、自己啓発本が毎年のように登場しています。

シッダールタもまた、苦しみをその根本から断ち切ろうとしました。しかし、彼は政治的な革命を起こそうとか、他の惑星に移住しようとか、新しい世界経済を打ち立てようなどという解決策を頭に描いていたわけではありません。また彼は、世界に平和と調和をもたらす宗教や行動規範を作ろうとさえしていませんでした。彼は、偏見のない広い心で苦しみを深く探りました。そして、たゆみない瞑想を通じ、根本のところにおいて苦しみが私たちの感情から生じていることを発見したのです。それどころか、感情**こそが**苦しみなのです。感情には自己への執着が関与しているという意味において、すべての感情は直接的であれ間接的であれ、何らかの形で必ず利己心から生まれています。さらに彼は、それがいかに本物に見えようとも、感情は私たちに生来的に備わっているものではないということも発見しました。感情は生まれ持ったものでもなければ、誰かやどこかの神によってかけられた呪いや植え付けられたものでもありません。感情は、ある特定の原因と条件が合わさったときに起こります。たとえば、誰かに批判されているとか、無視されているとか、利益を奪われているなどと早とちりすると、それに応じた感情が生じます。そしてそれらの感情を受け入れ、その感情に巻き込まれた瞬間、あなたは気づいている状態から逸れ、正気を失います。「興奮して頭に血が上った」状態になってしまうのです。そこでシッダールタは、気づいている状態にとどまるという解決法を見出だしました。あなたが苦しみを滅したいと真剣に願うのであれば、気づきを起こし、自分の感情に注意を向け、興奮して頭に血が上った状態になるのを避ける術を学ばなければいけないのです。

あなたもシッダールタがしたのと同じように感情をよく観察し、その源を特定しようとすれば、感情が誤解に基づくものであって、それゆえ根本的な欠陥があることに気がつくはずです。どの感情にも必ず判断の要素があり、したがってすべての感情は基本的には一種の偏見なのです。

たとえば、たいまつをある一定の速度で回すと火の輪のように見えます。サーカスでは、純真な子どもたちや一部の大人までもその見世物を楽しみ、魅了されます。幼い子どもたちは、手とたいまつの火を別々のものとして見ません。彼らは自分が見ているものが実在すると思い、目の錯覚によって生じた火の輪に夢中になります。その錯覚がどの程度続くにせよ、たとえそれがほんの一瞬であっても、子どもたちは完全に深く信じ込んでしまうのです。それと同じように、私たちの多くは自分のからだの外見について思い込みをしています。私たちはからだを見るとき、その一つ一つの部分である分子や遺伝子や血管や血液としてはとらえず、からだ全体を一つのものとしてとらえます。それどころか、「からだ」と呼ばれる真に存在する一つの生命体である、というような早まった判断をしてしまいます。そのように信じ込んだ私たちは、引き締まったお腹や上品な手、人目を引く高い背丈、浅黒くハンサムな顔立ち、あるいは曲線美あふれる体型などを欲するようになります。その結果、私たちはそのことで頭がいっぱいになり、会員制のスポーツジムや保湿クリーム、ダイエット茶、低糖質ダイエット、ヨガ、腹筋運動、ラベンダーのアロマ・オイルなどにお金を費やすようになるのです。

子どもたちが火の輪に心を奪われたり、興奮したり、あるいは恐れたりするのと同じように、私たちも自分のからだの見た目や健康状態に対してさまざまな感情を持ちます。たいていの大人は火の輪がただの錯覚だと理解しているために、興奮することはありません。単純な論理を用いれば、火のついたたいまつを持った手が回っているという、いくつかの部分の集まりによって火の輪が形成されていることがわかるからです。じっとしていられない兄は、弟に向かって偉そうに見下した態度で接するかもしれません。しかし成熟した大人として火の輪を見ることのできる私たちは、子どものうっとりと陶酔した気持ちを理解することができます。その見世物が夜に行われ、ダンサーたちが舞い踊り、トランス音楽がかかって興奮をあおり立てるような状況であればなおさらです。それが本質的には錯覚であることを知っていてもなお、わくわくさせられることさえあるかもしれません。シッダールタによれば、このような理解こそが、慈悲の種なのです。

無数にある感情の分類

瞑想が深まるにつれ、シッダールタはすべての現象が本質的には幻想であることを理解し始めました。そして、この理解をもって数々の宴会や孔雀の遊ぶ庭、友人たちや家族で構成された宮殿での過去の生活を振り返りました。いわゆる家族とは、さまざまな旅人がゲストハウスやホテルにチェックインし、そこで一時的につながることによく似ていると彼は思いました。このような人々の寄せ集めは、いずれ散り散りになります。それは死による別れかもしれませんし、それより早いかもしれません。この集団が共に過ごすあいだは、信頼、責任、愛情、そして成功や失敗に関する共通の尺度などによってつながりが築かれますが、そのことがまた、さまざまなドラマを生みだす原因にもなります。

のどかで和やかな家庭生活や一体感という概念、そして宮殿での暮らしがもたらす魅力的な現象のすべてに人々がいかに簡単に流されてしまうかが、シッダールタにははっきりと理解できました。すべてはただの幻想であり本質のないパーツの集まりであるという、シッダールタのような見方、あるいは火の輪を見ている大人のような見方をすることが他の人にはできないのです。しかしシッダールタは、幻想に夢中になる人々に対して傲慢で見下した態度をとるのではなく、優しい親のように、この輪廻の内には悪も善もなく、過ちもなく、したがってとがめもないことを理解しました。そしてこのことによって、彼は深い慈悲だけを感じるという自由を得たのです。

うわべだけの宮殿生活を超越した視点から、シッダールタは自分自身の肉体にも本質がないことを理解しました。彼にとって、火の輪と肉体は同じ性質を持っていました。たとえ一時的にせよ、あるいは「永遠に」せよ、そのようなものが真に存在すると信じるかぎり、その信念は誤解に基づいています。そしてこの誤解とは、気づきの欠如に他なりません。気づいている状態から逸れたとき、仏教徒はそれを無知と呼びます。この無知から感情は生じるのです。気づきの喪失から感情の発生までの過程は、後ほど見ていくように、四聖諦を用いて充分に説明することができます。

この俗世には数えきれない種類の感情が存在します。誤った判断や偏見、無知に基づいて、毎瞬毎瞬、数限りない感情が生み出されています。私たちがよく知っているのは愛と嫌悪、罪の意識や純真さ、信心、悲観、嫉妬とプライド、恐れ、恥、悲しみ、喜びなどですが、そのほかにも実に多くの感情があります。一部の文化では、他の文化では定義されておらず、それゆえ存在しない感情を指す言葉が使われています。アジアの一部には恋愛を表す言葉がない一方で、スペインにはさまざまな種類の愛情を表す数多くの言葉がありま す。また、日本語には**悔しい**や**切ない**など、英語にはない感情を表す言葉があります。仏教においては、いまだにどの言語によっても名付けられていない数多くの感情があり、また、私たちの論理的な能力では定義できないさらに多くの感情があるとされています。いくつかの感情は一見理に適っているようにも見えますが、ほとんどの感情には理屈などありません。一見平和的に見える感情が、実は怒りからきている場合もあります。また、ほとんど感知できない感情も存在します。またある人は、まったく無感動で超然としているように見えるかもしれませんが、それ自体も一つの感情なのです。

感情には幼稚なものもあります。たとえば、あなたはある人が怒るべきなのに怒って**いない**ということに腹を立てるかもしれません。または、ある日はパートナーの独占欲が強すぎることにいらいらし、その翌日には彼女の独占欲が充分でないことに不満を感じるかもしれません。また、端から見ると笑ってしまうような感情もあります。たとえば、チャールズ皇太子は、当時愛人であったカミラ・パーカー・ボウルズとの秘かな戯れの中で、彼女のタンポンに生まれ変わりたいと彼女に言ったとされています。また、ホワイトハウスの住人が彼らの考え方によるところの自由を世界に強要するといったように、傲慢として表れる感情もあります。自分の個人的な意見を力や脅迫、騙しや巧妙な操作によって他人に押し付けるといったことも、私たちの感情の働きによるものです。異教徒を地獄の火や天罰から救うために改宗させることに情熱を抱くキリスト教徒やイスラム教徒は少なからずいますし、その一方で実存主義者は宗教的な人々を熱心に無信心者に変えようとします。感情はばかげた自尊心としても現れます。圧制者であるイギリスによって形作られたインドに対して愛国心を持つインド人がそのいい例です。多くの愛国的なアメリカ人は、ブッシュ大統領が空母エイブラハム・リンカーンの甲板上でイラクに対する勝利を宣言したとき、自分たちこそ正しいのだという感情を抱いたことでしょう。実際には、戦争がまだ始まるか始まらないかぐらいの状況だったにもかかわらずです。また、尊敬を得るために必死になるのも一つの感情です。誰が世界で一番高いビルを建てられるかを競い合う上海やドバイ、ジッダ、東京を見てください。まるでそのことが、自分の精力の証明であるかのようです。感情は病的で歪んでいる場合もあり、小児性愛や獣姦などをもたらします。ある男は、自分に殺されて食べられたい若い男性をインターネットで募集しました。それには数え切れないほどの応募があり、その男は応募者の一人を実際に殺害してむさぼるように食べたのだそうです。

根源を探る――（存在しない）自己

これらの多種多様な感情とそこから生じてくる結果は、すべて誤解に由来します。そしてこの誤解は、あらゆる無知の唯一の源――自己への執着から生じます。

私たちは、私たちの一人一人が自己であって、「私」という実体があると思い込んでいます。しかし、この自己もまたひとつの誤解でしかありません。私たちは「自己」という概念を作り出し、それが確かに存在するように感じています。この概念が本物であり、変わることなく存在し続けると思うように条件づけられているのです。私たちは手を挙げながら、**私はこの姿形であると思います。私には姿形がある**、と思っています。そして、**この姿形が私である、私は背が高い**などと思ったりします。また、自分の胸を指差して、**私はこの姿形の中に宿っている**と思うのです。私たちは同じことを気持ちや知覚、そして行動についても行っています。**私にはいろいろな気持ちがある、私とはさまざまな知覚である**……などといったように。しかしシッダールタは、からだの内にも外にも、自分と呼べるような独立した存在がないことに気がつきました。火の輪が目の錯覚であるように、自己もまた錯覚なのです。自己とは、根本的に欠陥のある、究極的には存在しない、誤った信念なのです。しかし、私たちは火の輪に心を奪われるのと同じように、私は自分であるという考えに心を奪われています。私たちは、自分のからだ、気持ち、知覚、行動、意識などが、私たちが「私」と思っているものを形作るさまざまな要素だと思っています。しかし、よく観察してみると、それらのどこにも「私」は存在していないことがわかります。自己という誤った考えに執着するのは、無知に基づく愚かな行為であり、無知を永続させ、ありとあらゆる痛みと失望をもたらします。私たちが人生の中ですることはすべて、「自己」をどうとらえているかに左右されます。したがって、このとらえ方が誤解に基づくものであれば、そして当然そうであるわけですが、私たちがすること、見るもの、経験するものすべてにこの誤解がしみわたることになります。このことは、子どもが光と動きを誤って解釈するというような単純な問題ではなく、私たちの存在すべてが大変もろい前提の上に成り立っていることを意味するのです。

シッダールタは、自己はないということを発見した瞬間に、本質的に存在する悪というものはなく、ただ無知があるのみだということも理解しました。とりわけ彼は、「自己」というラベルを作り、組み合わせによって成り立っているまったく根拠のない現象に貼りつけ、それに重要性を持たせ、それを守るために苦しむという無知について深く考えました。そして彼は、この無知こそが、苦しみと痛みに直結するものだと理解しました。

無知とは、単純に事実を知らないこと、事実に対する思い違い、あるいは不十分な知識しかないことのいずれかです。これらの無知の形態は、どれも誤った理解や解釈、過大評価や過小評価をもたらします。たとえばあなたが友人を探していて、遠くの野原に彼を見つけたとします。ところが近づいてみると、あなたはかかしを友人と見間違っていたことに気がつきます。あなたはきっと失望するでしょう。しかし、かかしと友人のどちらかがあなたをこっそり欺こうとしていたわけではありません。あなた自身の無知があなたを騙したのです。このような無知に端を発する私たちの行動はすべて臆測に基づいています。私たちがまったくの無理解や中途半端な理解をもって行動するとき、そこに自信の根拠となるものはありません。こうして、私たちのいつもの不安感が頭をもたげ、さまざまな感情がつくり出されます。それらの感情の中には、名前がついていないものや、認識することのできないものもあります。

私たちが、階段を一番上まで登り切ることができるとか、離陸した飛行機が目的地に安全に着陸するなどと確信をもっていられる唯一の理由は、私たちが無知の至福にひたっているからに他なりません。しかしこの至福は長くは続きません。なぜなら無知の至福とは、物事が自分に有利に働くだろうという恒常的な過大評価と、起こり得る障害への過小評価にすぎないからです。もちろん、原因と条件がうまくそろえば期待どおりの結果が得られることもありますが、私たちはそのような成功を当然のものと思っています。そして、そのような成功体験を証拠に、期待に反する結果になるはずはない、自分の想定には十分な根拠があるなどと思うのです。しかし、そういった想定は誤解の種になります。私たちが、たとえば、自分は伴侶のことを理解しているといったように想定するのは、開いた傷口のように自分自身をさらけ出しているのと同じです。他の人や物事に依存する想定や期待は、私たちを弱い立場に置きます。起こり得る数々の矛盾の一つがいつ何時出現し、私たちの想定に塩を振りかけ、私たちをたじろぎ嘆かせることになるかわからないのです。

習慣——自己の味方

自己とは、独立して存在するものではなく単なるラベルであり、それゆえそれに執着することは無知であるというシッダールタの気づきは、おそらく人類史上最大の発見でしょう。しかし、**自己**というラベルがいかに根拠に乏しいものであっても、それを壊すのは簡単なことではありません。この「自己」というラベルは、あらゆる概念の中でも最もしぶとく、壊すのが難しいものなのです。

自己が誤った信念であるというシッダールタの発見は、マーラの退治を描いた物語に象徴されています。伝統的に欲望世界の魔王と見なされているマーラは、実はシッダールタの自己への執着に他なりません。マーラが敗北を知らないハンサムで力強い戦士と描かれていることからも、それをうかがい知ることができます。自己というのは、マーラのように力強く強欲で、利己的で欺瞞《ぎまん》的、他からの注目を集めたくてたまらず、ずる賢くうぬぼれやです。自己が組み合わせによって成り立っていて、独立しては存在せず、うつろい変化する火の輪の錯覚のようなものであるということを忘れずにいるのは、難しいものです。

習慣は私たちを自己に対して弱くします。単純な習慣でさえ、なかなかやめることはできません。喫煙が健康にどれほど悪いものであるかを知っていたとしても、あなたが禁煙できるとは限りません。タバコを吸うという儀式や、その細長いスマートな形やくすぶり方、そして指先にまとわる香り豊かな煙をあなたが楽しんでいるのであればなおさらです。しかし自己という習慣は、喫煙のような単純な中毒とは異なります。私たちは太古の昔から、自己の中毒になっているのです。自己は私たちのアイデンティティであり、私たちが最も深く愛するものです。また時として、自己は私たちが最も激しく嫌悪するものでもあります。また、私たちは一生懸命その存在を確かめようとします。私たちがすること、考えること、所有するものはほぼすべて、精神の道も含め、自己の存在を証明するための手段なのです。自己は失敗を恐れて成功を熱望し、地獄を恐れて天国を切望します。自己は苦しみを嫌い、苦しみの原因を好みます。そして、平和のためと称して愚かにも戦争をします。自己は、悟りを望みますが、悟りへの道を嫌います。自己は、社会主義者のように働き、資本主義者のように暮らすことを望みます。自己は孤独を感じると、友情を欲します。愛するものへの所有欲は情熱として現れ、それが時として攻撃性にもなります。エゴを克服することを目指す精神の道といったものは、本来自己の敵であるはずですが、しばしば堕落して自己の味方に成り下がっています。自己の欺きのゲームのスキルは、完璧に近いと言っていいでしょう。自己は、蚕《かいこ》のように自らのまわりに繭《まゆ》をつむぎます。しかし、蚕と違って、そこから出る方法を知らないのです。

自己との戦い

ブッダガヤでの戦いの中で、マーラはシッダールタに対してさまざまな武器を用いました。とりわけ、彼の持つたくさんの矢には、それぞれ特別な破壊力が備わっていました。欲望を起こさせる矢、知能を鈍らせる矢、プライドをもたらす矢、争いを起こす矢、傲慢さをもたらす矢、盲目的な執着をもたらす矢、気づきの欠如を引き起こす矢などです。仏教経典では、マーラは私たち一人一人の内にいまだ敗れることなく存在し、その毒矢を絶えず私たちに向けているると述べられています。マーラの矢で射られると、私たちはまず麻痺状態に陥り、何も感じなくなります。しかし、やがて毒が私たちの存在全体にまわり、私たちをゆっくり破壊していきます。私たちが気づきを失い自己に執着するのは、私たちを麻痺させるマーラの毒の仕業です。そして、ゆっくりと確実に破壊的な感情が生まれ、私たちの存在全体に染みわたります。

欲望の矢に打たれると、私たちの常識や平静、正気といったものは完全に消えてなくなり、代わりに見せかけの威厳や堕落、そして不道徳が少しずつ忍び込みます。毒に侵された私たちは、欲するものを手に入れるためには手段を選びません。情熱の矢に打たれた人は、美しく貞節な女性が家で彼の帰りを待っているにもかかわらず、街を歩くカバをセクシーと感じるかもしれません。火に飛び込む蛾や、餌のついた釣り針にかかる魚のように、この地上に生きる者たちの多くは、食べ物、名声、称賛、金銭、美、尊敬への欲望の罠に陥っているのです。

情熱は、権力欲として現れることもあります。そのような情熱に取り付かれた指導者たちは、自らの権力への渇望がいかにこの地球を破壊していようともまったく無関心です。そういった一部の人々の富への強欲がなければ、私たちは太陽光発電で走るバスに乗っているはずですし、飢餓に苦しむ人もいないでしょう。そのような進歩は技術的にも物理的にも可能ですが、感情的には可能ではないようです。その一方で、私たちは不正に対して文句を言い、ドナルド・トランプのような人々を責め立てました。しかし、自身も強欲の矢に打たれている私たちは、安い輸入電化製品などの便利なものやメルセデス・ベンツのような贅沢品への私たち自身の欲望が、世界を破壊する戦争を後押ししていることには気づいていません。ロサンゼルスのラッシュ時の相乗り用車線は毎日空っぽですが、その他の車線には人が一人しか乗っていない何千台という車がひしめいています。二〇〇三年にアメリカがイラクに侵攻した際、「石油のために血を流すな」という抗議行進に参加した都会の若手エリートでさえ、スムージーに入れるキウイを輸入するための石油に依存しています。

マーラの矢は終わりのない争いを作り出します。これまでの歴史を見ても、欲望を超越し、品位と礼節のお手本であるはずの聖職者たちもまた、同様に権力に飢えていることがわかります。彼らは、地獄の恐怖と天国の約束を用いて信者たちを巧みに操作します。また、私たちは、政治家たちが選挙やキャンペーンを操作することに夢中になるあまり、世論を動かすためであれば何のためらいもなく罪のない国をトマホーク・ミサイルで爆撃するのを目の当たりにしました。選挙に勝つことさえできれば、戦争の勝敗はどうだっていいのです。また別の政治家たちは、神聖ぶった態度で宗教を誇示したり、自ら銃弾に倒れたり、英雄を作り上げたり、大惨事を演出したりします。どれもこれも、彼らの権力への欲望を満足させることが目的なのです。

自己がプライドに満ちているとき、それは数え切れないほどの形をとって現れます。例を挙げれば、心の偏狭さ、人種差別、心のもろさ、拒絶されることへの恐れ、傷つくことへの恐れ、無神経さなどがあります。男としてのプライドというもののために、男たちは人類の半分以上を占める女性たちの活力と貢献を押さえ込んできました。結婚相手を選ぶときには、双方のプライドが邪魔をして、相手が自分にとってふさわしいだろうかとか、自分が相手にとってふさわしいだろうかなどと常に値踏みを続けます。長続きするかどうかもわからない結婚のために、見栄っ張りな家族はたった一日の結婚式に多額のお金を費やします。それと同じ日に、同じ村では飢えで死んでいく人々がいるにもかかわらずです。また、回転ドアを押すドアマンに十ドルのチップをはずんでみせる観光客は、次の瞬間には、赤ん坊と家族を養おうとしている行商人に対して五ドルのTシャツを値引きしろと迫るのです。

プライドと哀れみは密接に関わっています。自分の人生が他人の人生よりも辛くてみじめだと思うのは、自己への執着の現れに過ぎません。自己が自己に対する哀れみを抱くとき、他者があなたに慈悲を感じる余地はなくなります。この不完全な世の中では、これまで多くの人々が苦しんできましたし、今もなお苦しみ続けています。しかし、一部の人々の苦しみはより「特別な」苦しみとして分類されています。実際の統計はありませんが、ヨーロッパ人が北アメリカを植民地化したときに虐殺されたアメリカ先住民の数は、歴史に残る他の大量虐殺の数に最低でも等しいと言って間違いないでしょう。しかしこの信じがたい虐殺に関して、たとえば**反ユダヤ主義**や**ホロコースト**などのように広く用いられている用語は存在しません。

スターリンや毛沢東によって行われた大量殺人にも、はっきりとした名称はありません。ましてや、洒落た博物館や、懲罰のための訴訟や、数々のドキュメンタリーや、それらを主題にした映画などありません。イスラム教徒たちは自分たちが迫害を受けていると嘆きますが、彼らの先祖ムガール人が、アジアの広い範囲を布教のために征服した際に行った破壊行為については忘れています。彼らの手による大規模破壊の爪痕は今でも見ることができます。かつて異なる神への愛によって建てられた建造物や寺院が、無残にも破壊されて廃墟となっているのです。

また、ある特定の宗派や宗教に属していることへのプライドもあります。キリスト教徒、ユダヤ教徒、イスラム教徒はみな同じ神を信じています。したがって、ある意味彼らは兄弟と言っていいはずです。しかし、それぞれの宗教のプライド、そして自分たちこそが「正しい」という考えのせいで、宗教は二つの世界大戦を合わせても足りないくらいの死者を出してきたのです。

人種差別はプライドの毒矢から滴り落ちます。アジア人やアフリカ人の多くは西洋人たちを人種差別主義者だと批判しますが、アジアにも人種差別は多く存在します。少なくとも西洋には人種差別を取り締まる法律があり、人種差別は公に批判されます。しかし、シンガポール人の女性は、ベルギー人の夫を家に連れてきて家族に会わせることはできません。マレーシアでは、中国系やインド系の住民は、たとえ何世代にもわたってマレーシアで暮らしていたとしても、ブミプトラという身分にはなれません。日本に住む韓国・朝鮮人の二世たちの多くは、いまだに市民権を得ていません。多くの白人が有色人種の子どもを養子にする一方で、裕福なアジア人家族が白人の子どもを養子にすることはほとんどありません。多くのアジア人は、こういった文化的、人種的な交わりをひどく嫌います。もしも立場が逆転し、白人たちが中国、韓国、日本、マレーシア、サウジアラビア、インドなどに何百万人という規模で移住したとしたら、アジア人はどう感じるでしょう。もし彼らが、彼らだけのコミュニティを作り、地元の仕事を奪い、花嫁を呼び寄せ、何世代にもわたって自分たちの言語を話し、受け入れ国の言葉を話そうとせず、その上、彼らのルーツである国の宗教的過激思想を支持していたとしたら、どうでしょう？

嫉妬心はマーラのもう一つの矢であり、非常に強烈な敗者的感情の一つです。それはまったく理性と関係なく現れ、空想の物語を創りあげてあなたの心をかき乱します。たとえば、あなたがオーケストラのコンサートを楽しんでいるときなど、まったく予想していない瞬間に突然あなたを襲うことがあります。あなたがチェロ奏者になるつもりなどなく、チェロに触ったことすらないにもかかわらず、これまで会ったことさえない、罪のないチェロ奏者に対して嫉妬を抱くかもしれません。あなたの心を毒するには、彼女が才能に恵まれているという事実だけで十分なのです。

世界の大半はアメリカ合衆国に嫉妬しています。アメリカ人を「悪魔崇拝者」や「帝国主義者」と呼んでアメリカを嘲笑し批判する宗教的、政治的狂信者の多くは、すでにグリーンカード〔永住証書〕を持っているか、そうでなければそれを喉から手が出るほど欲しがります。純然たる嫉妬から、社会はしばしばメディアに扇動されて、必ずと言っていいほど金銭的、肉体的、あるいは知的な成功を収めた人や物事を打ち倒そうとします。一部のジャーナリストは、自分が社会的弱者や一般庶民の味方であると主張します。しかし、彼らは「社会的弱者」の一部が実は非常に狂信的な人々であると指摘することには弱腰になりがちです。彼らのようなジャーナリストは悪行を暴露することを拒み、思い切って声をあげた少数のジャーナリストは過激派呼ばわりされる危険を冒さなければならないのです。

マーラはより多くの信奉者を得たいという利己的な欲望から、言葉巧みに自由を説きます。しかし誰かが本当の意味で自由を行使したとしたら、マーラがそれをよく思うとは限りません。根本的に、私たちは自分だけが自由であることを好み、他人が自由であることは気に入らないのです。私たちや他の誰かが自分たちの自由を本当の意味ですべて行使したとしたら、私たちはパーティーに招待されなくなってしまうでしょう。こういったいわゆる自由や民主主義もまた、マーラが支配のために用いる道具にすぎません。

愛はどうでしょう？

苦しみではない感情もあると思う人もいるかもしれません。愛情、喜び、創造的なインスピレーション、信心、恍惚、安らぎ、調和、達成感、安堵《あんど》感といったものはどうなのでしょう？　私たちは、詩や歌、芸術には感情が必要であると思っています。私たちの「苦しみ」の定義は一定ではなく、しかも限定的です。しかし、シッダールタによる「苦しみ」の定義は、それよりはるかに広く、より具体的で明確です。

怒り、嫉妬、頭痛といった種類の苦しみには明らかに負の性質がありますが、他の苦しみはもっとわかりにくい痛みをもたらします。シッダールタにとって、不確実であったり予測不可能な性質を持つものはすべて苦しみです。たとえば、愛情は心地よく充足感をもたらしてくれるものかもしれませんが、それだけで独立して突然生じるわけではありません。愛情は他の人や物に依存していますから、予測することができません。少なくとも、人は自分が愛情を向けている対象に依存していて、ある意味で常にひもでつながれているようなものだと言えるでしょう。そして、それ以外にも隠れた条件は数え切れないほど存在します。このような理由から、自分の不幸な子ども時代を両親のせいにしたり、両親の不仲を自分のせいにしたりするのも無意味なことです。なぜなら、これらの状況には、私たちの気づいていない多くの隠れた依存的条件が関わっているからです。

　チベット人は「幸福」と「不幸」を表すのに、**ランワン**と**シェンワン**という言葉を用います。正確に訳すのは難しいですが、**ラン**は「自己」、**ワン**は「力」「権利」「何かを受け取る資格」などを意味します。また、**シェン**は「他」を意味します。大まかに言えば、自分が状況をコントロールしているかぎりは幸せで、他人に主導権を握られれば不幸であるということです。したがって「幸福」の定義とは、すべてを自分でコントロールでき、自由、権利、余暇があり、妨げも束縛もない状態ということになります。それはつまり、選択する自由と選択しない自由があり、活動的である自由や、のんびりと過ごす自由もあるということを意味します。

自分にとって有利に働くように条件を変える手段も、いくつかはあります。たとえば、健康のためにビタミンを摂る、眠気を覚ますためにコーヒーを一杯飲むといったことです。しかし、次の津波が起きないように世界を押さえ込んで動かなくすることはできません。鳩が車のフロントガラスにぶつかるのを防ぐこともできません。また、高速道路を走る他のドライバーたちをコントロールすることもできません。私たちの人生の大部分は、他の人々を愉快な気持ちにさせることを中心に展開しています。そうすることで自分もいい気分でいられるからです。常に不機嫌な顔をした人と一緒に暮らすのは楽しいことではありません。しかし、他の人をいつも陽気な気持ちにさせておくことはできません。努力すればうまくいくこともたまにはあるかもしれませんが、そのような巧妙な操作には相当の維持管理が必要になります。付き合い始めに一度だけ「愛しているよ」と言うだけでは十分ではありません。花を贈ったり、注意を注いだりといった適切なことを最後までし続けなければならないのです。一度でも失敗すれば、あなたのそれまでの努力が水の泡になるかもしれません。またあるときは、たとえあなたがしっかり注意を傾けていたとしても、あなたの注目する相手がそれを誤解したり、どう受け止めていいかわからなかったり、あるいはまったく受容的ではないこともあります。ある青年は、理想の女性とのキャンドルディナーを前に、その夜がどう展開するだろう、どうしたら彼女を口説き落とせるだろうなどと想像します。しかし、それは彼の想像であり、推測でしかありません。その推測に根拠があってもなくても、それが単なる推測であることに変わりはありません。要するに、私たちが常に一〇〇パーセント準備を整えておくことは不可能です。したがって、私たちにとっての妨げや敵が私たちに大きな打撃を与えるためには、全体のうちほんの一パーセント成功するだけでいいのです。一瞬口を滑らせたり、うっかりおならをしたり、空港の手荷物検査場でX線検査装置から何気なく目をそらしたりといったように。

私たちは、自分がそれほど苦しんではいないと思うかもしれません。またたとえ苦しんでいたとしても、それほどひどくはないと思うかもしれません。私たちは貧民街に住んでいるわけでも、シリアで爆撃にあっているわけでもありません。多くの人はこう思っています。**私は大丈夫、ちゃんと呼吸をしているし、朝食も食べているし、すべて期待どおりうまくいっているし、私は苦しんでなどいないと。**しかし、それはどういう意味でしょうか？　それが彼らの一〇〇パーセントの本音でしょうか？　物事をより良くするための準備を止めてしまったのでしょうか？　不安な気持ちをすべて手放したのでしょうか？　このような態度が心からの充足感や、自分がすでに手にしているものへの感謝の気持ちからきているのだとすれば、そういった感謝はシッダールタも推奨しています。しかし、そのような充足感が得られるのは稀なことで、人生にはもっといいことがあるのではないかという気持ちが私たちに常につきまとい、その不満から苦しみが生まれるのです。

シッダールタの解決策は、感情に対する気づきを養うことでした。生じてくる感情にほんの少しでも気づくことができれば、その働きを制限することができます。感情がまるで、お目付役に付き添われたティーンエイジャーのようになるのです。誰かに見られることでマーラの力は弱まります。シッダールタは毒矢が単なる幻想に過ぎないことを知っていたため、それによって傷つけられることはありませんでした。それと同じように、私たち自身の強烈な感情も、花びらのように無害なものにすることができるのです。また、アプサラたちがシッダールタに近づいたとき、彼には彼女たちが火の輪のように組み合わせによって成り立っている現象に過ぎないことがはっきりとわかり、そのことによって彼女たちは魅力を失いました。シッダールタは彼女たちの思うつぼにははまらなかったのです。同様に、私たちは自分の欲望の対象が実際には組み合わせによって成り立っている現象に過ぎないのだと理解することによって、誘惑の呪縛を解くことができるのです。

感情が及ぼし得る害がわかり始めると、気づきが生じます。あなたに気づきがあれば——たとえば自分が崖の淵に立っていることを知っていれば——目の前の危険を理解できます。あなたはそれでもそのまま歩き続けるかもしれませんが、気づきを持って崖の上を歩くことがもはやそれほど恐ろしいことではなく、むしろスリルに満ちたものとなります。恐れの本当の源は知らないことにあります。気づきはあなたが人生を楽しむことを邪魔したりはしません。むしろあなたの生活をとても充実したものにしてくれます。一杯のお茶を飲んでいるとき、あなたがはかない物事の苦さや甘さを理解していれば、そのお茶を本当の意味で味わうことができるのです。

第3章 すべては空性である

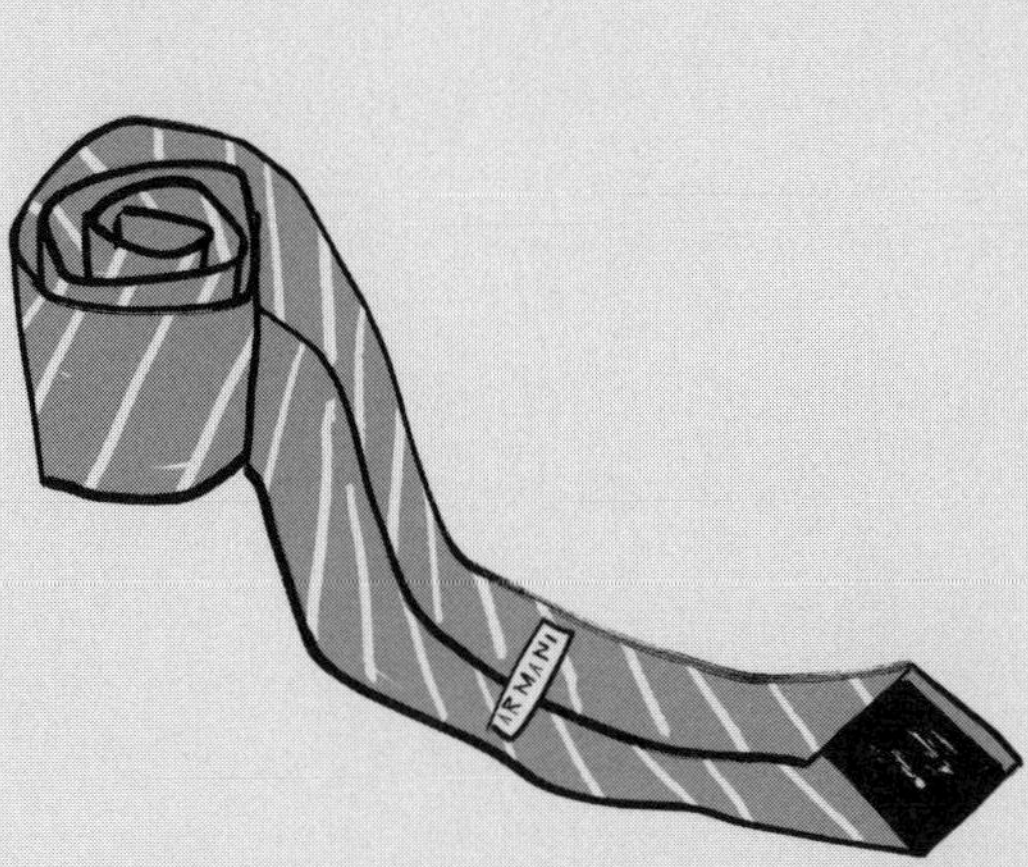

シッダールタが悟りを開いてから間もなく、私たちが**ダルマ**〔仏法〕と呼ぶ彼の言葉は、インドのあらゆる階層に広まり始めました。仏法はカースト制を越え、お金持ちも貧しい人も同じように引きつけました。紀元前三世紀における最も偉大な帝王の一人に、アショーカ王がいました。彼は、自分の権力を強固にするためなら平気で近親者を殺してしまうような無慈悲な戦士であり、暴君でした。しかし、そのアショーカ王ですら、のちに仏法に真実を見出し、平和主義者になりました。今では、彼は歴史上最も影響力のあった仏教の庇護者の一人として知られています。

アショーカのような庇護者のお陰で仏法は栄え続け、インドの国境をはるかに越え、四方八方に伝わりました。西暦が始まって最初の千年が過ぎ、ブッダガヤから六百マイル以上離れたキャ・ガツァというチベットの村で、非凡な潜在力を秘めた平凡な人間がもう一人誕生しました。地獄のような幼少時代と黒魔術の見習い期間を経て、苦悩を抱えたこの若者は、復讐のために自分の家族と隣人を何十人と殺害しました。彼は故郷から逃げ出し、最終的にマルパという名の農夫に出会いました。マルパは仏法の偉大な師であり、翻訳者でもありました。彼は、存在の本質と生き方を、かつてシッダールタが説いたのと同じように教えました。この若者は生まれ変わったようになり、チベットにおいて最も高名なヨーガの聖人の一人であるミラレパとして知られるようになりました。彼がのこした詩と物語は、今でも何十万という人々にインスピレーションを与えています。そして、彼の智慧の遺産は、師から弟子へ連綿と受け継がれています。

シッダールタの言葉は、楽しみや刺激のために読んで、その後は棚にしまっておくような他の哲学とは違うのだと、ミラレパは弟子たちに教えました。私たちは、仏法を実践し、日常生活に適用することができるのです。ミラレパの最初の弟子たちの中に、レチュンパという名の優れた学者がいました。ミラレパは彼に、単にテキストを学ぶことよりも、それを修行と統合させることのほうが重要であると助言しましたが、レチュンパは、当時存在した、仏教哲学に関する優れた機関の一つで古典的な指導を受けたいという一心で、インドに向けて旅立ちました。レチュンパは実際に、多くの偉大なインド人学者や聖人たちのもとで熱心に学びました。それから何年も経てチベットに戻ると、彼の昔の師であるミラレパが荒れた高原でレチュンパを出迎えました。彼らはあいさつを交わし、レチュンパが学んだことについてしばらく話をしましたが、突然、ひょうが激しく降り始めました。その広々とした平原には、どこにも隠れる場所がありませんでした。ミラレパは地面に落ちているヤクの角を見つけ、素早くその中に逃げ込みました。角が大きくなったわけでも、ミラレパが小さくなったわけでもありません。その乾いた雨避けの中でミラレパは歌を歌い、ヤクの角の中にはまだ十分な空間があることをレチュンパに知らせました。……レチユンパが空性の本質を悟っていればの話ですが。

ミラレパのヤクの角の話が単なる作り話だと、あなたは思うかもしれません。あるいは、あなたが信じやすいタイプであれば、これはチベットのヨーガ行者による魔術だと思うかもしれません。しかし、後にわかるように、これはそのどちらでもないのです。

空性をとらえようとする

マーラと彼の軍隊に打ち勝ったシッダールタは、すべてのものの実体が空《くう》であることを理解しました。彼は、私たちが見て、聞いて、感じて、想像して、存在すると確信しているものはすべて、私たちがある種の「真実性」を負わせるか、「真実である」というラベルを貼りつけただけであり、その本質は空であることを理解しました。世界が真実であると決めつけたり、認識したりする行為は、個人そして集団の強力な習慣から生まれるものであり、誰もがやっています。習慣の力はとても強く、私たちの考える空性はあまりにも魅力に欠けるため、シッダールタが達したような悟りを追い求めようというこころざしを持つ人は、ほとんどいません。私たちは、そうする代わりに、遠くに青々と茂ったオアシスを見る、方向感覚を失った砂漠の旅人のようにさまよいます。そのオアシスは、実際には砂上の熱による反射光でしかありません。しかし、必死さと喉の渇き、そして期待が相まって、放浪者はそれを水と見なしてしまうのです。そして、そこへたどり着くために最後の力を使い果たした彼は、それが単なる蜃気楼であることを知り、失望感でいっぱいになるのです。

私たちは、自分がそこまで必死だとは思いません。自分には教養があり、精神的に健全で、地に足がついていると思っています。しかし、すべてのものが本当に存在していると考え、そう感じるとき、私たちはこの砂漠の男と同じように振る舞っているのです。私たちは、本物の友情や安定、人からの評価、成功、あるいは平穏と静けさを急いで手にしようとします。そして、自分の願望とどことなく似ているものを手に入れることに成功することさえあるかもしれません。しかし、例の放浪者のように見せかけだけの現実に頼っていると、結局は失望することになります。物事は見かけどおりではありません。それらは無常で、私たちが完全にコントロールできるものではないのです。

私たちもシッダールタのように本当に分析をすれば、「形」や「時間」「空間」「方向」そして「大きさ」といったラベルが、簡単にはがれることがわかるはずです。シッダールタは、自己ですら、蜃気楼のように相対的なレベルでしか存在していないことに気づきました。この気づきは、彼の期待と失望、そして苦しみの連鎖に終止符を打ちました。解放された瞬間に、彼はこう思いました。**私は、深遠で、安らかで、極端ではなく、明快で、望みを叶える、蜜のような道を見つけた。けれども、私がそれを表現しようとしても、私が教えようとしても、それが聞こえる者、それに耳を傾ける者、それを理解できる者はいない。だから、私は森の中でこの安らかな状態にとどまろう、**と。するとそこへ、シッダールタの計画を耳にした帝釈天《たいしゃくてん》と梵天《ぼんてん》が現れ、森に隠遁などせず、他者のために教えを説いてくれるようシッダールタに頼んだと信じられています。彼らは「みんながあなたの教えのすべてを理解することはないだろうが、理解するかもしれない者も少しはいる。そういった少数の者たちを助けるだけでも、やる価値があるだろう」と言いました。

彼らの願いを尊重したシッダールタは、バラナシに向けて出発しました。そこは当時でさえ、ガンジス川のほとりに知識人や思想家が集まる大都市でした。シッダールタがバラナシの近くのサルナートに着くと、彼は昔の修行仲間たちに行き合いました。彼らはずっと以前、シッダールタが誓いを破ってスジャーターが差し出した牛乳を飲んだとき、彼を見捨てた人たちでした。彼らはシッダールタが近づいてくるのを見て、素早く示し合わせて彼を無視することにしました。彼らは、立ち上がってひれ伏すことはもちろん、あいさつすらしないつもりでした。そして「例の偽者がやってきた」と冷笑しました。しかし、シッダールタのように空性を理解した存在にとって、称賛と批判、尊敬と軽蔑、善と悪といった概念はまったく重要ではありません。それらはすべて、薄っぺらな解釈の問題であって、まるでそれらが堅固なものであるかのように反応する必要はないのです。そのため、シッダールタは虚栄心やためらい、そしてプライドをまったく見せることなく彼らに近づきました。この自意識の欠如によって、彼の足取りは非常に威厳のあるものであったため、五人の瞑想者たちは立ち上がらざるを得ませんでした。そのとき、その場所で、シッダールタは昔の仲間たちに初めての弟子として最初の説法を行いました。

私たちの限られた論理

教えを説くのは簡単ではないだろうと考えたシッダールタは、間違っていませんでした。自己中心的な欲求や、プライド、物質主義に駆り立てられた世界においては、空性という究極的な真実は言うまでもなく、愛や慈悲、慈善といった基本的な原則を教えることすら、非常に困難です。私たちは、短期的にしかものを考えることができませんし、実用性にとらわれてもいます。明らかに存在しているように見えて、すぐに役に立つものだけに時間とエネルギーを費やす価値があると考えるのです。その基準で言えば、ブッダが定義した空性は、まったく役に立たないもののように思えます。そして、**現象界の無常と空性につ**

いてじっくり考えることの利点は何なのだろう？空性がどうして得になるのだろう？と考えるかもしれません。

私たちは限られた理論的根拠を用いて、何が道理にかなっていて何が重要なのかということを定義しますが、空性はその限界を越えたものです。「空性」という概念が私たちの頭の中に収まりきらないようなものなのです。その原因は、人間の心が一つの不十分な論理体系のもとで機能していることにあります。実際には、それ以外にも数え切れないほどの論理体系が存在するにもかかわらず、です。私たちは、この瞬間に至るまでに何千年もの歴史が存在したかのように行動します。もし誰かが、人類の進化のすべてはひとすすりのコーヒーが喉を通るのにかかるのと同じ時間のうちに起こったと言ったとしたら、私たちにはそれを理解することができないでしょう。同様に、地獄での一日は五百年に相当するという仏教の教えを読むとき、私たちは、こういった宗教的な数字は単に私たちを怖がらせて服従させようとしているだけだと考えます。しかし、最愛の人と過ごす一週間の休暇を想像してみてください。それは指をパチンと鳴らすのと同じくらいの速さで過ぎ去ってしまいます。一方で、荒くれた強姦犯と刑務所で過ごす一夜は、永遠に続くかのように思えます。このような見方をすると、私たちの時間の概念はそれほど安定したものではないように思えてくるかもしれません。

自分の思考体系に未知のものが**少しだけ**入ってくることを許容する人も、中にはいるかもしれません。彼らは、千里眼や直感、幽霊、運命の人といったものの可能性を受け入れる余地を持っています。しかし、ほとんどの場合、私たちは白黒がはっきりした、科学的根拠のある論理に頼ります。ごく一握りの、いわゆる才能のある人々は、慣習の枠を越える勇気やスキルを持っているかもしれません。彼らの見方が**あまりにも**常軌を逸していないかぎり、彼らは、サルバドール・ダリのような芸術家で通すことができるかもしれません。また、少数の名高いヨーガ行者たちも、慣習的に容認されているものをわざと**少しだけ**越え、「神聖な狂人」として崇められています。しかし、あなたが許容されている限界を越え過ぎたとしたら、あなたが空性を完全に受け入れたとしたら、おそらく人々は、あなたが異常で狂っていて不合理だと思うことでしょう。

しかし、シッダールタは不合理ではありませんでした。彼は単に、慣習的な合理的思考には限界があると主張していただけなのです。私たちは、自分にとって居心地のいい領域を越えるものを理解できないか、理解しようとしません。「昨日、今日、明日」という直線的な概念を扱うほうが、「時間は相対的である」と言うよりも、はるかに実用的です。私たちは、**自分の大きさや形を変えなくてもヤクの角の中に収まることができる**、と考えるようにはプログラムされていません。自分たちの「小さい」「大きい」という概念を、壊すことができないのです。そうする代わりに、私たちは、何世代にもわたって受け継がれてきた無難で限られた物の見方で、自分たちを縛り続けています。しかし、こういった物の見方を吟味してみると、それらが正しいとは言えないことがわかります。たとえば、この世界が大いに信頼を置いている直線的な時間という概念では、時間には本当の始まりも終わりもないという事実を説明することはできません。

このひいき目に見ても不正確な理論的根拠を用いて、私たちは物事が「真に存在している」と評価するか、それらに「真に存在している」というラベルを貼ります。何かが本当に存在していることを実証する過程では、機能や継続性、そして意見の一致が大きな役割を果たします。私たちは、それに何らかの機能があれば——たとえば、この本を持つことによって、あなたの手は機能しているように見えます——それは永続的で、究極的で、正当な意味で存在しているに違いないと考えます。絵に描かれた手は同じようには機能しませんから、それが本当の手ではないことがわかります。同様に、何かに継続的な性質があるように見えれば——たとえば、昨日見た山が今日もそこにあれば——私たちはそれが「本当」であり、明日も明後日もそこに存在しているだろうと確信します。そして、自分が見ているのと同じものを他の人も見ていると確認できたとき、それが真に存在しているという確信をさらに強めるのです。

もちろん、私たちは物事が真に存在していることについて、**これは真に存在している私の手の中にある、真に存在している本だ**、などと意識的に理屈付けや確認、そしてラベル貼りをしながら生きているわけではありません。しかし、私たちは無意識のうちに、世界がしっかり存在しているという確信のもとに行動します。そして、このことは、一日のあらゆる瞬間にどのように考え、どう感じるかということに影響を及ぼしています。私たちは、鏡を覗き込むときや、蜃気楼を見るときといったごく稀なときだけ、見せかけに過ぎないものもあるということを理解します。鏡の中には肉も血も存在せず、蜃気楼の中に水はありません。私たちは、鏡に映っているものが本物ではなく、本質的には存在していないということを「知って」います。こういった理解を、ここからよりいっそう深めていくことも可能ですが、私たちは、自分の合理的な心が許す範囲でしか考えることができないのです。

大きさを変えることなくヤクの角の中に人が収まる、という概念を提示されたとき、私たちにはいくつかの選択肢があります。私たちは「合理的」になって、それは絶対に不可能なことだと言い、その話を否定することもできます。あるいは、ある種の神秘的な魔術信仰や盲信によって、**それはそうでしょう、ミラレパは実に偉大なヨーガ行者でしたから、そんなことはもちろんできたでしょうし、もっとすごいこともできたでしょう**、と言うこともできます。どちらにしても、私たちの物の見方は歪んでいます。なぜなら、否定することは一種の過小評価であり、盲信は一種の過大評価だからです。

昨日の川——不完全な論理を受け入れること

不断の思索を通じて、シッダールタは、こういった慣習的なやり方での評価や理屈付け、そしてラベル貼りの欠陥をはっきりと理解しました。もちろん、それらもある程度は機能します。実際、私たちの世界は、こういった慣習に基づいて機能しているように見えます。私たち人間が、何かが正真正銘、真に存在していると言うとき、私たちは、それが確実で、想像されたものではなく、本物で、証明可能で、変化することがなく、無条件であるという意味合いで言っています。もちろん、私たちは変化するものもあると言います。つぼみは花になりますが、私たちはそれが変化するあいだにも、それは真に存在している花であると考えます。つまり、その成長と変化は、花の性質に関する私たちの固定観念の一部になっているのです。むしろそれがいつまでも同じ状態であるようになったら、私たちは驚くでしょう。したがって、その意味では、私たちの変化に対する期待は不変なのです。

川は新しい水をたたえて流れ、常に変化しているにもかかわらず、私たちはそれを川と呼びます。その場所を一年後に訪れれば、私たちはそれが同じ川だと考えます。しかし、どうして同じだと言えるのでしょうか？　一つ一つの側面や特徴に分けて考えてみると、その同一性は崩壊してしまいます。その水は同じ水ではありませんし、地球は銀河系における軌道の異なる場所に位置し、植物の葉は落ちて新しいものと入れ替わっています。そこに残っているのは、前回見た川に似ている川の外見だけです。「外見」は「真実」の根拠としては、まったく安定性に欠けたものです。このようにほんの少し分析をしただけで、私たちの慣習的な現実の土台となっているものは、あいまいな一般論や思い込みだということが明らかになります。シッダールタは「真実」を定義する際、普通の人々が使うのと同じような言葉――**想像されたものではない、確実な、変化しない、無条件の**――を用いました。しかし、彼はこれらの言葉をはるかに厳密に用いました。彼の言葉は、一般論ではないのです。彼の見方では、「変化しない」ということは、徹底的な分析を経た後でも、あらゆる側面において**例外なしに**変化しない、という意味でなければならないのです。

　私たちが行う通常の「真実」の定義は、不完全な分析の結果です。分析によって満足のいく答えが導き出されれば、それが私たちの欲するものを与えてくれれば、私たちはそれ以上のことをしません。**これは本当にサンドイッチだろうか？　サンドイッチのような味がする。だから食べることにしよう。**分析はここで止まってしまいます。あるいは、ある男の子が恋人を探しています。女の子が彼の目に入ります。彼女は美人に見えます。彼はそこで分析するのをやめ、彼女と親しくなろうとします。シッダールタは、そこからさらに先へ先へと分析を続けました。サンドイッチや女の子が単なる原子になり、最終的にはそれらの原子ですら彼の分析に持ちこたえられませんでした。そこには何もないことを発見した彼は、失望から解放されたのです。

シッダールタは、何かが真に存在していることを確認する唯一の方法は、それが独立して存在していて、解釈や組み立て、そして変化を免れていることを証明することであると気付きました。シッダールタにとって、私たちが日々を生き抜くための実用的に見える仕組みは、物理的なものも、感情的、概念的なものもすべて、その定義から外れています。それらはすべて、不安定で永続しないパーツで組み立てられたものであり、それゆえ常に変化しています。私たちは、この主張を慣習的な世界の中で理解することができます。たとえば、鏡に映った自分の姿は、自分が鏡の前に立っているということに依存していますから、真に存在しているわけではない、と言うことができます。それが独立したものであれば、たとえあなたの顔がそこになくても、顔が映っているはずです。これと同じように、どんなものでも、数え切れないほどの条件に依存することなしに真に存在することはできないのです。

私たちは火の輪を見て、それを作り上げている条件を何の問題もなく理解できます。そしてこれらのパーツがすべて一体となって働いているかぎり、それは──今のところは──本当に火の輪であるということを受け入れます。しかし、私たちはなぜ、自分が手に持っている本や自分が横たわっているベッドについてはそのように考えられないのでしょうか？

それは本のように見え、他の人たちもそれを本として見ていて、本のように機能します。しかし、あなたがそれを分析すると、ここでも「今のところは」という原則を当てはめることができます。私たちが生きているあいだに知覚するものはすべて「今のところは」です。物事がこの瞬間は存在しているように見える、という見方をする勇気や意思が私たちにないだけなのです。また、物事をパーツごとに分解して見る知性を持っていないために、私たちはそれらを全体として見ることに甘んじてしまいます。孔雀から羽を全部むしり取ってしまったら、もはや私たちがそれに対して畏敬の念を持つことはありません。しかし、私たちは世界のすべてに対してこのような見方をすることに身を任せたいとは思いません。まるで、ベッドで丸くなっていい夢を見ているようなものです。自分が夢を見ているということに少し気付いていて、目を覚ましたくないと思っているのです。あるいは、美しい虹を見ながら、それに近づきたくないと思っているようなものです。近づけば消えてしまうからです。目を覚まして吟味する勇敢な精神を持つことを、仏教徒は「放棄」といいます。一般に信じられているのとは異なり、仏教の放棄は自己処罰や禁欲のことではありません。シッダールタには、私たちの存在のすべてが、真に存在していない現象に貼られたラベルに過ぎないということを理解する意思と能力がありました。そして、それを通じて彼は悟りを経験したのです。

ブッダはマゾヒストだったわけではない

ブッダが何を教えたのかについて漠然としか知らない多くの人々は、仏教が陰気であると考えます。仏教徒は幸福を否定し、苦しみのことだけを考えていると思うのです。彼らは、仏教徒が美しいものや肉体的な楽しみを避けるのは、それらが誘惑であるからであり、仏教徒は純粋で温和なはずだと思っています。実際のシッダールタの教えは、その他の概念に対して偏見がないのと同様に、美しいものや楽しみに対しても偏見がありません。ただし、私たちが我を忘れてそういったものが本当に存在すると思ってしまわないかぎりにおいてです。

シッダールタには、ある在家の弟子がいました。彼は文殊菩薩《もんじゅぼさつ》という名の戦士で、ウィットに富んだ奇術師として知られていました。文殊菩薩の弟子仲間の一人に、非常に勤勉で尊敬されている僧がいて、彼は「醜さの瞑想」に長けていることでよく知られていました。これは、欲望を満たすことに熱心で情熱に満ちあふれた人に対して処方される、さまざまな方法のうちの一つです。この方法においては、あらゆる人間を血管や軟骨、腸などで作られたものとしてイメージします。文殊菩薩は超能力を用いて、その勤勉な僧を試すことにしました。文殊菩薩は美しい妖精に姿を変え、その僧を誘惑するために彼の前に現れました。しばらくのあいだ、その優れた僧は誘惑に負けることなく、身じろぎ一つしませんでした。ところが、文殊菩薩が抗し難いほどに魅惑的であったので、その僧は彼の虜になり始めました。彼は、瞑想を続けてきた何年ものあいだに、その土地の最も美しい何人かの女性の誘惑に無事に耐えてきていたため、驚きました。衝撃を受け、自分自身に失望した僧は逃げ出しました。しかし、妖精となった文殊菩薩は彼を追いかけ、疲れ果てた僧はとうとう地面に倒れ込みました。魅惑的な女性が近づいてくるのを見て、彼は**もうおしまいだ、この美しい女性は私を抱きしめてくる**と思いました。彼は目をかたく閉じてじっとしていましたが、何も起こりませんでした。彼がようやく目を開けると、その妖精はバラバラに分解していて、文殊菩薩が笑いながら現れました。文殊菩薩は「誰かを美しいと思うことは概念ですよ。その概念に固執すれば、あなたはがんじがらめに縛られ、閉じ込められることになります。けれど、あなたが誰かを醜いと思えば、それもまた概念であり、あなたを縛るのです」と言いました。

私たちは毎年、自分や自分のいる環境を感じのいいものにするために多額のお金を費やします。しかし、美しさとは何でしょうか？　それは見る人によって異なると私たちは言うかもしれません。しかし、世界一美しい女性が誰なのかを審査員に教えてもらうために、何百万という人々がミス・ユニバース・コンテストにチャンネルを合わせます。この十人かそこらの審査員たちが、美しさの究極の定義を私たちに与えることになっているようです。審査員たちが同じ世界〔ユニバース〕にいるパプアニューギニアの美女たちや、細く長い首にいくつも首輪を付けている優美なアフリカの部族の女性たちを無視しているという事実を考えれば、これに異議を唱える人が後を絶たないのは当然のことです。

シッダールタがミス・ユニバース・コンテストの観客であったなら、彼はまったく種類の異なる究極の美しさを見出すことでしょう。彼の目には、冠をかぶった人が究極の美として映ることはありません。なぜなら、彼女の美しさは見る人に依存しているからです。シッダールタにとっての「究極」とは、いかなる条件からも影響を受けないことを意味します。彼女が真に美しいのであれば、誰もが自動的に彼女が究極〔の美〕だと同意するはずですから、コンテストという条件は必要ではないはずです。また、彼女が真に美しいのであれば、ほんの一瞬でもそれほど美しくない瞬間があってはいけません。彼女は、あくびをしているときでも、いびきをかいているときでも、口からよだれを垂らしているときでも、トイレでしゃがんでいるときでも、年を取っても、**常に**美しくなければいけないのです。

　ある出場者が他の出場者たちと比較してより美しいか、美しくないかという見方をする代わりに、シッダールタは、すべての女性には本質的な醜さも美しさもないと考えることでしょう。彼の見る美しさは、一人の出場者を眺める際に用いることのできる何億という視点にあります。この世界に存在する豊富な視点のうち、ある人は嫉妬するでしょうし、またある人は彼女を自分の恋人や娘、姉や妹、母、友人、ライバルとして見ることでしょう。ワニにとって彼女は食料ですし、寄生虫にとって彼女は宿主です。シッダールタにとっては、このおびただしい数の視点そのものが、驚くほどに美しいのです。それに対して、誰かが真に、そして究極的に美しいのであれば、彼女はその美しい状態に未来永劫とどまっているということになります。そうであれば、ドレスや水着、照明、口紅といったものは必要ではないはずです。しかし、実際にはコンテストは繰り広げられており、**今のところ**、その光景は例の組み合わせによって成り立っている無常な火の輪と同じくらいに美しいのです。

相対的な真実――「ある程度」存在しているということ

仏教哲学においては、心によって知覚されたものはすべて、心がそれを知覚する前には存在していません。心によって知覚されたものは、その存在を心に依存しています。そして、それが独立して存在していないということは、本当には存在していないということになるのです。とはいえ、**ある程度は**存在するということを否定しているわけではありません。仏教徒は知覚された世界を「相対的な」真実と呼びます。つまり、私たちの平凡な心によって測られ、ラベルを貼られた真実のことです。あるものが「究極の」真実であるためには、それは作り上げられたものであってはいけませんし、想像の産物であってもならず、解釈から独立したものでなくてはいけないのです。

シッダールタは空性を理解しましたが、空性は彼や他の誰かによって作られたものではありません。空性は、シッダールタが受け取った啓示の結果生じたものではなく、人々が幸福になる手助けをするための理論として構築されたものでもありません。シッダールタがそれを説いても説かなくても、空性は常に空性であり続けてきたのです。しかし、逆説的になりますが、正確には、空性が常に〔空性で〕あり続けてきたと言うことすら私たちにはできません。なぜなら、それは時間を超越していて、形を持たないからです。また、空性は存在の否定として解釈されるべきでもありません。つまり、この相対的な世界が存在していないと言うことも私たちにはできないのです。なぜなら、何かを否定するためには、まず否定されるものがあることを認めなければならないからです。空性は、私たちの日々の体験を打ち消すものではありません。シッダールタは、何か目を見張らせるようなものや、より良いもの、より純粋なもの、あるいはより神々しいものが、私たちが知覚しているものの代わりに存在しているとは一度も言いませんでした。また、彼は世俗に存在しているものの外見や機能を否定するアナーキストでもありませんでした。彼は、虹という現象はないと言ったり、紅茶の入ったカップは存在しないと言ったりはしなかったのです。私たちは自分の体験を楽しめばいいのです。しかし、ただ体験できるからといって、それが真に存在していることにはなりません。シッダールタは単純に、自分の体験を吟味し、それが白昼夢のような一時的な幻にすぎないかもしれないと考えてみることを私たちに提案しているのです。

あなたがもし、誰かに両手をバタバタ動かして飛んでくれと頼まれたら、あなたは「できません」と答えるでしょう。なぜなら、相対的な世界での体験においては、ヤクの角の中に隠れることができないのと同じで、飛ぶことは物理的に不可能だからです。しかし、あなたが眠っていて、空を飛んでいる夢を見ているとしましょう。誰かが夢の中で「人間は飛ぶことができない」と言ったとしたら、あなたは「いえ、私は飛べますよ。ほら」と言って飛び去ることでしょう。シッダールタはこれら両方の主張に同意するはずです。つまり、あなたは起きているときには飛ぶことが**できない**し、眠っているときには飛ぶことが**できる**のです。その理由は、原因と条件が結びついているか否かという点にあります。飛べるようになるために必要な条件の一つは、夢を見ているということです。それがなければ飛ぶことはできませんし、あれば飛ぶことができます。あなたが空を飛んでいる夢を見て、目が覚めた後でも自分が飛べると信じ続けるのなら、それは問題です。あなたは落下し、がっかりすることになります。シッダールタによれば、私たちは相対的な世界の中で眠りから覚めても、彼が以前の暮らしから立ち去った夜の宮廷の女性たちのように、無知による眠りについています。適切な原因と条件が結びつけば、どんな結果でも現れ得ます。しかし、それらの条件が使い果たされれば、その現れは終わるのです。

この世界での体験を夢ととらえたシッダールタは、夢のような相対的な世界の外見に過ぎないものが真に存在すると信じて執着する習慣は、私たちを終わりのない苦しみと不安の連鎖に陥れることを見出しました。私たちは繭の中の蚕のようにひきこもり、深い眠りについています。自分の予測や想像、期待、恐れ、そして思い込みに基づく現実を織りあげているのです。その繭はとても頑丈で精巧です。私たちが想像するものがあまりにも現実的に感じられるため、私たちは繭の中から抜け出せないでいるのです。しかし、すべては想像の産物であると理解するだけで、私たちは自分を自由にすることができるのです。

この眠りから覚めるための方法は、無数にあるはずです。ペヨーテやメスカリンといった薬物ですら、「現実」の幻の側面についての漠然とした理解を与えてくれるかもしれません。しかし、薬物は完全な目覚めをもたらすことはできません。この目覚めが外的な薬物に依存しているという理由だけでも、そのことが言えます。メスカリンの効果が切れれば、その体験もまた消えてなくなるのです。あなたがひどい夢を見ているとしましょう。あなたが目を覚ますのに必要なものは、自分は夢を見ているという一瞬の気づきだけです。そのひらめきは、夢の中から生じることもあります。あなたが夢の中で何か特に変わったことをするとき、自分が眠っているということにいやおうなく気づかされるかもしれません。また、ペヨーテやメスカリンは心と想像の力を明らかにすることによって、つかの間の気づきを誘発するかもしれません。幻覚は、幻がどれほど実体的で現実味を帯びたものになりうるのかということを一時的に認識する手助けをしてくれます。しかし、そういった薬物を使用することは賢明ではありません。なぜなら、それらは人工的な体験をもたらすだけですし、その体験がからだに害をもたらすこともあるからです。そういった方法の代わりに、自分の外側から何かを取り入れることに頼ることなく完全に目覚めるという、強い願望を私たちは持つべきです。自分の内側から気づきが生じるほうが、はるかにいいのです。私たちが本当に必要としていることは、習慣となっているパターンや想像、そして自己中心的な欲求から目覚めることです。心の訓練と瞑想は、心の流れの中で取り組むための最も速く、最も安全で、最も効果的な手段です。シッダールタが言ったように、「あなたがあなた自身の師」なのです。

「あなたを縛るものは執着である」

シッダールタは、相対的な世界では、緑茶を淹《い》れ、それを飲むことができることを十分に理解していました。彼は、「お茶はない」とか、「お茶は空性である」とは言わないはずです。彼が何か言うとすれば、そのお茶は見かけどおりではないということをほのめかすための言葉になるでしょう。たとえば、お茶とはお湯の中に干からびた葉っぱが入ったものです。しかし、お茶に熱狂している人たちの中には、葉っぱや特殊な栽培方法に夢中になり、コンテストで格付けをし、少量を何百ドルという値段で売っている人々もいます。このために、彼らにとって、それはお湯の中に葉っぱが入っただけのものではないのです。

シッダールタが教えを説いてから約千五百年後に、仏法の継承者の一人であるティローパは、自分の弟子であるナローパに「あなたを縛るものは外見ではない。あなたを縛るものは外見への執着だ」と言ったのです。

かつて、ウトパラと呼ばれる美しい尼僧がいました。ある男が彼女に惚れ込み、彼女を付け回すようになりました。ウトパラは追われることを不快に感じて彼を避けようとしましたが、男は執拗でした。そして、ついにある日、彼女が彼の所に来て彼と向き合ったので、彼は大変驚きました。言葉に困った彼は、思わず彼女の目が好きだと言いました。すると、彼女はためらうことなく自分の両目を取り出し、彼に与えました。彼はこのショックによって、人はパーツの集まりにいとも簡単にとらわれ、夢中になってしまうということを理解しました。彼がこのショックと恐怖を乗り越えたとき、彼は彼女の弟子になりました。

また、日本のある仏教説話では、二人の旅の禅僧が川を歩いて渡ろうとしていました。そのとき、一人の若い女性が彼らに、自分をこの流れの速い川の向こう岸まで運んでくれないかと頼みました。この二人の僧は高い段階の誓いを立てていたため、女性に触れることは許されていませんでした。しかし、二人のうち年長の僧は、ためらうことなく彼女をかつぎ上げておぶり、川を歩いて渡りました。向こう岸に着くと、彼は女性を降ろし、何の雑談もせずに立ち去りました。何時間か後になって、若いほうの僧が「私たちは僧侶ではないですか。なぜあなたはあの女性を運んだのですか」と唐突に言いました。

年長の僧はこれに答えて「私はずっと前に彼女を降ろした。なぜお前はいまだに彼女を運んでいるのだ」と言いました。

私たちは、はっとした瞬間に、美しさや醜さといった抽象的な概念の空性を理解できるかもしれません。結局のところ、それらはさまざまな解釈ができるものです。しかし、修理が必要な車や、支払いの請求書、健康を脅かす高血圧、自分を支えてくれている家族や自分の支えを必要としている家族といった非抽象的なものとなると、それらの空性を理解することははるかに難しくなります。私たちにこういったものを幻として見る意志や能力がないのは無理もないことです。それに比べて、最新のファッションや高級料理、有名人のステータス、エリートクラブの会員資格といった贅沢に夢中になるのは、はるかにばかげています。すべての部屋にテレビを置くことや、靴を二百足所有することが絶対必要であるかのように振る舞うほど甘やかされた人は少なくありません。また、高級ブティックでナイキの靴やアルマーニのスーツが欲しくてたまらないのは、実用的な生存欲求の域をはるかに超えています。お店でハンドバッグを奪い合って喧嘩をする人たちすらいます。パッケージングと市場調査という組み合わせによる現象は非常に複雑で計算されたものであるため、私たちはラベルに簡単に騙されます。そして、その物的価値とはまったく相関しないばかげた値段を受け入れてしまうのです。

大多数の人々がこういった物には価値があると思っていますから、イメージにこだわるルイ・ヴィトン愛好家が、自分の本革のハンドバッグに対する執着には本質がないことを理解するのは簡単なことではありません。まして、バッグ自体に本質がないことを理解することなどさらに難しいでしょう。ブルジョワの地位やラベルの重要性はポップカルチャーによって強められ、私たちの心の中でより堅固なものになります。そして、それによって私たちの世界はよりいっそう見せかけでしかないものになっていきます。

集金人やマーケティングの天才に操られることに加え、私たちは民主主義や共産主義などの政治体制や個人の権利といった抽象的な概念、そして中絶反対や「死ぬ権利」といった道徳的立場によっても翻弄されます。政治の世界はこのようなラベルであふれており、真のリーダーシップが生まれる可能性はほとんどありません。人類はこれまで多種多様なリーダーシップを試してきていてそのそれぞれに利点がありますが、いまだに多くの人々が苦しんでいます。真の高潔さを持った政治家もなかにはいるのかもしれません。しかし、彼らが選挙に勝つためには、たとえその件に強い思い入れがなかったとしても、同性愛者の権利に賛成あるいは反対といったラベルを自分自身に貼らなければなりません。私たちはほとんどの場合、多数派の考えにしぶしぶ従ってしまっています。たとえそれが正気でないような意見であっても、このいわゆる民主主義世界を渡っていくために、そうしてしまうのです。

その昔、干ばつに悩まされていたある国で、一人の評判のいい予言者が、七日後にようやく雨が降るだろうと予言しました。彼の予言は当たり、大変なお祭り騒ぎになりました。次に、彼は宝石の雨が降ることを予言し、それもまた的中しました。人々は幸せで裕福な暮らしを送るようになりました。彼の次の予言は、七日後にまた雨が降り、それは呪いの雨で、その雨水を飲んだ人はみな気が狂ってしまうというものでした。王様は、自分が呪われた雨水を飲まずに済むように、汚染されていない水を大量に蓄えさせました。しかし、臣民には自分たちの水を蓄えるための術《すべ》がありませんでした。雨が降ると彼らはその水を飲み、気が狂ってしまいました。王様だけが「正気」でしたが、彼は狂った臣民を統治することができませんでした。そのため、彼もまた仕方なくその水を飲みました。狂った臣民を統治するために、王様は彼らの妄想を共有する必要があったのです。

ミス・ユニバース・コンテストの例のように、私たちがこの世界で行うことや考えることはすべて、共有された論理というきわめて限られたシステムに基づいています。私たちは意見の一致を非常に重視します。何かが真実であると大多数が同意すれば、たいていそれは有効になってしまいます。私たち人間は、小さな池を見るとき、それを単に池として見ています。しかし、池の中の魚にとって、その池は世界のすべてです。私たちが民主的な対応を取ったとしたら、水中の生き物たちが勝つことになるでしょう。なぜなら、彼らの数は、私たちのような池を眺める側の生き物の数よりもずっと多いからです。多数決の原理は常にうまく機能するわけではありません。素晴らしい自主映画がほんの一握りの人にしか観られない一方で、ひどい超大作映画が巨額の利益をあげることもあります。そして、私たちが集団思考を頼りにしてしまうがために、世界はしばしば最も近視眼的で腐敗した統治者によって治められることになります。民主主義は、多数派である庶民に魅力的に映るシステムなのです。

真実――寓話でも、魔法でも、致命的でもない

心が実用主義によって条件づけられている私たちにとって、空性を理解するのは難しいことです。そのため、ミラレパがヤクの角の中に避難した話は、必ずと言っていいほど寓話として片付けられてしまいます。大海が井戸の中に収まらないように、それは私たちの小さな脳には収まりきらないのです。かつて、井戸の中に住む一匹の蛙がいました。ある

日、彼は海から来た蛙に出会いました。海の蛙は、彼の海に関する夢のような話を聞かせ、その広大さを自慢しました。しかし、井戸の蛙はその話を信じることができませんでした。彼は自分の井戸が世界で最も大きく、最も素晴らしい水域であると信じていました。なぜなら、彼には判断の基準となるものや経験、そしてそうでないと考える理由がなかったからです。そこで、海の蛙は井戸の蛙を海へ連れて行きました。海の広大さを目の当たりにした井戸の蛙は、心臓発作を起こして死んでしまいました。

何かを理解することは、必ずしも命に関わるわけではありません。私たちが空性に触れたとしても、井戸の蛙のようにばったり倒れて死ぬ必要はないのです。海の蛙にもう少し思いやりがあって、やり方が上手であったのなら、彼はもっといい案内人になっていて、井戸の蛙が死ぬこともなかったでしょう。もしかすると、井戸の蛙は最終的に海に移り住んでいたかもしれません。空性を理解するのに、超自然的な能力は必要ありません。それは教育と、物事をすべてのパーツや隠れた原因や条件の観点から見ようとする意欲の問題です。そのような洞察力がある人は、映画を観に行く舞台装置家やカメラ・アシスタントのようになります。専門家には、私たちが見ている以上のものが見えています。彼らには、どのようにカメラが配置されていたのか、どのレンズや照明装置が使用されたのか、群衆のＣＧがどうやって作られたのか、そして観客が気付いていないそのほかの映画的手法がすべて見えているのです。その結果、彼らの幻は解体されることになります。それでも専門家たちは、映画を観て大いに楽しむことができます。これは、シッダールタの並外れたユーモアの一例です。

ネクタイ、そして感情の輪縄

仏教では、空性は古くから蛇と縄のたとえを用いて説明されてきました。ジャックという名前の臆病な男がいて、彼は蛇恐怖症だとしましょう。ジャックは薄暗い部屋に足を踏み入れ、隅のほうにとぐろを巻いた蛇がいるのを見てパニックに陥ります。彼が実際に見ているものは縞模様のアルマーニのネクタイです。しかし、恐れをなした彼は、怯えのあまり死んでしまいかねないほどに自分が見ているものを誤解しました。つまり、真に存在しない蛇による死です。それを蛇だと思い込んでいるあいだ、彼が経験する苦痛と不安は、仏教徒が「輪廻」と呼ぶものです。それは、心が陥ってしまう一種の罠です。ジャックにとって幸いなことに、彼の友人であるジルが部屋に入ってきます。ジルは冷静で正気なので、ジャックが蛇を見ていると思っていることがわかります。彼女は明かりを点けて、蛇がいないこと、それが実際にはネクタイであることを説明することができます。自分が安全な場所にいると確信したときにジャックが経験するこの安堵こそが、仏教徒が「涅槃」と呼ぶものです。涅槃とは、解放と自由を意味します。しかし、ジャックの安堵は害を避けることができたという誤った考えが基になっています。実際には蛇も、彼に苦しみをもたらすものも、初めから存在していなかったのです。

ここで理解しなければならないのは、明かりを点けて蛇がいないことを示すことによって、ジルは蛇がいなくなったことも否定しているということです。つまり、彼女は「蛇はもう去ったよ」と言うことはできません。なぜなら、蛇は初めからそこにいなかったからです。彼女が蛇を消したわけではありません。それは、シッダールタが空性を作り出したのではないことと同じです。自分が手を振ることによって他の者たちの苦しみを払いのけることはできないと、シッダールタがはっきり言ったのはこのためです。また、彼の得た解放は、何らかの賞品のように人に与えたり、少しずつ分けあえるものでもありませんでした。彼にできたことは、自分の経験に基づいて、苦しみがそもそも存在しないことを説明することだけでした。これは、私たちのために明かりを点けてくれるようなものです。

ジルが恐怖で固まっているジャックを見つけたとき、彼女にはいくつかの選択肢がありました。彼女は、蛇がいないことを率直に指摘することもできますし、「蛇」を部屋の外へ導くといった、巧みな方法を用いることもできます。しかし、ジャックが明かりを点けても蛇とネクタイの区別ができないほどに怯えているのなら、そしてジルのやり方が上手でないのなら、彼女がかえって事態を悪化させてしまうこともありえます。彼女がジャックの目の前でネクタイをぶら下げたりすれば、彼は心臓発作を起こして死んでしまうかもしれません。しかし、ジルのやり方が上手で、ジャックが思い込みをしていることがわかれば、彼女は「ええ、私には蛇が見えますよ」と言って慎重にネクタイを部屋の外に出し、ジャックがとりあえず安心できるようにすることができます。そうすれば、彼が落ち着いてから、蛇が初めから存在していなかったということがわかるまで、彼をやさしく導くことができるかもしれません。

ジャックがその部屋に入ることすらしなければ、彼が誤解をしなければ、蛇を見る、見ないといったシナリオ全体が無効になります。しかし、彼は蛇を見て、そのシナリオにとらわれてしまっているために、そして恐れによって動けなくなってしまっているために、彼はそこから抜け出す手段を求めます。シッダールタが説いたのは、そのような解放をもたらすための方法でした。仏教には厳密に言えば神性はありませんが、ブッダの教えは「神聖な」道と呼ばれることがあります。道とは、私たちをある場所から他の場所へ導く方法や道具のことをいいます。この場合、道は私たちを無知から抜け出させ、無知がない状態へと導いてくれます。私たちが**神聖な**とか**尊い**といった言葉を使うのは、仏法の智慧が私たちを恐れや苦しみから解き放つことのできるものであり、そういったことは一般的に神の役割だからです。

私たちの人生における日々の体験は、不確実さ、たまの喜び、不安、感情であふれ、蛇のように私たちに巻きついています。私たちの期待や恐れ、野心、そして集団ヒステリーは闇と影を創り出し、蛇の幻をよりいっそう鮮明にしています。臆病なジャックのように、私たちは暗い部屋を隅から隅まで探し回って解決策を見つけようとします。シッダールタの教えの唯一の目的は、私たちのような臆病者が、自分たちの苦しみや被害妄想がすべて幻に基づくものであることを理解する手助けをすることにあります。

シッダールタは杖を一振りしたり、神の力を用いたりすることで苦しみを消し去ることはできませんでしたが、明かりを点けるということに関しては非常に巧みでした。彼は、真実を見出すための道や方法をいくつももたらしました。実際、仏教には何万という道が存在します。それではなぜ、それらをわかりやすく一つの方法にまとめてしまわないのでしょうか？　その理由は、さまざまな病気に対していろいろな薬が必要なように、さまざまな習慣や文化、考え方に対応するためにはいろいろな方法が必要だからです。どの道を進むかは、弟子の心の状態と師のスキルに左右されます。初めから空性でみなをぎょっとさせるのではなく、シッダールタは瞑想や、「正しいことをしなさい。盗みを働いてはいけません。嘘をついてはいけません」といった行動規範などのよく知られた方法を用いて、多くの弟子たちを教えました。彼は、頭を剃ることから肉食を避けることまで、弟子の性質に応じてさまざまな段階の放棄と禁欲を処方しました。空性に耳を傾けたり、それを理解することが初めのうちはできない人や、苦行に向いた性質を持つ人には、一見宗教的で厳格に見える道が向いているのです。

ブッダはどう教えを説いたのか——偽薬としての仏法

厳格な規則や徳の高い行いが仏教の真髄であると考える人もいますが、それらはブッダによる数々の巧みな方法のごく一部でしかありません。彼は、誰もが最初から究極の真実を理解できるわけではないことを知っていました。私たちの多くにとって、空性の概念は言うまでもなく、「地獄とは自分自身の怒りを知覚したものにすぎない」といった概念を理解するのは難しいことです。ブッダは、ジャックが彼の個人的な「地獄」にとらわれることを望んでいません。しかし、ブッダはジャックに、彼の知覚と怒りに取り組みなさいと言うこともできません。なぜなら、ジャックは愚か者だからです。そこでブッダはジャックのために、地獄は私たちの外側に存在していて、そこに行って溶けた鉄の中で煮られることを避けるためには、徳のない、悪い行いや感情にふけることをやめなければならないと教えます。このような教えは仏教の至るところに見られます。たとえば、仏教のお寺では、壁に地獄界が描かれているのを非常によく目にします。そこには、燃えるからだや、極寒の水の流れる恐ろしい峡谷が描かれています。こういったイメージは、弟子の能力によってそのまま受け取られることもあれば、比喩的に解釈されることもあります。より優れた能力を持つ人々には、私たちが毎日経験する地獄、つまり苦しみの源が、自分自身の知覚から生じていることがわかります。彼らは、審判の日はないし、裁く者もいないことを知っています。ミラレパがヤクの角の中に現れたとき、レチュンパもまた偉大な師になりつつあるところでした。彼は空性を頭で理解する能力に非常に優れていて、ヤクの角の中にいるミラレパを実際に**見る**ことができるほどの認識は持っていました。けれども、彼の認識は、自分の師と一緒にヤクの角の中に入ることができるまでにはわずかに至りませんでした。ブッダの最終目的は、そういった優れた弟子たちのように、ジャックにも自分自身の怒りや無知とは別に地獄界が存在するわけではないことを理解させることです。一時的に悪い行いを最小限にすることによって、ジャックは自分自身の知覚、不安、そして被害妄想にさらにとらわれてしまうことを避けることができるのです。

◇ ◇ ◇

カルマという言葉は、ほとんど仏教の代名詞になっています。それはたいてい道徳主義的な報いのシステムのようなものとして理解されています。「悪い」カルマと「良い」カルマ、といったようにです。しかし、カルマとは単に原因と結果の法則であって、道徳や倫理と混同すべきではありません。何が悪くて何が良いのかということに関して基準を設けることは、ブッダを含めて誰もしていないのです。「組み合わせによって成り立つすべてのものは無常である」といった真実から私たちを遠ざけるあらゆる動機や行いは、負の結果、つまり悪いカルマを生み出す可能性があります。そして「すべての感情は苦しみである」といった真実の理解に私たちを近づけるあらゆる行いは、正の結果、つまり良いカルマを生み出す可能性があります。要するに、それはブッダが判断することではないのです。あなたの行いの背後にある動機を本当に知っているのは、あなただけなのですから。

シッダールタは、弟子であるスブーティとの問答の中で、「ブッダを形として見る者、そしてブッダを音として聞く者は、誤ったものの見方をしている」と言いました。その四百年後、インドの偉大な仏教学者であるナーガールジュナもまた、同じ考えを示しました。仏教哲学に関する彼の有名な論文の中で、ナーガールジュナは「ブッダの分析」にまるまる一章を割き、究極的には自分の外側に存在するブッダというものはいないと結論づけました。「道でブッダを目にしたら、彼を殺しなさい」といった仏教におけることわざを耳にするのは、今でも珍しいことではありません。これは当然比喩的に言っているのであって、もちろん彼を殺すべきではありません。この言葉が意味しているのは、本当のブッダは、時間と空間によって縛られた、自分の外側に存在する救世主ではないということです。その一方で、シッダールタという名前の人間が確かに地上に現れ、ゴータマ・ブッダとして知られるようになり、托鉢をしながらマガタ国の通りを裸足で歩きました。このブッダは、説法をし、病人たちを看病し、カピラバストゥにいる自分の家族に会いにも行きました。この肉体を持ったブッダが——たとえば現代のクロアチアではなく——紀元前五世紀のインドに存在していたことについて仏教徒たちが異議を唱えないのは、彼が何世紀ものあいだインドでインスピレーションの源であり続けてきたという、歴史の記録があるからです。彼は、博学な指導者たちと弟子たちによる長い系譜の一番初めに位置する偉大な師でした。それ以上のことではありません。しかし、真剣な探求者にとっては、インスピレーションこそすべてなのです。

シッダールタは、多くの巧みな方法を用いて人々を感化させました。ある日、一人の僧がゴータマ・ブッダの衣に破れがあることに気付き、それを繕うことを申し出ましたが、ブッダは彼の申し出を断りました。彼は衣が破れたまま歩き続け、托鉢を続けました。彼がある極貧の女性が隠れ住む場所に向かったとき、僧たちは困惑しました。なぜなら、彼らはその女性が施し物を何も持っていないことを知っていたからです。ブッダの破れた衣を見て、彼女は自分の持っているわずかばかりの糸のすべてを使って、その破れを繕うことを申し出ました。シッダールタはこの申し出を受け、この徳行によって、彼女は来世に天界の女王として生まれるだろうと断言しました。この話を聞いた多くの人々は、自分も惜しみのない行いを実践しようという気持ちになりました。

また別の話では、シッダールタが肉屋に対し、殺すという行為は負のカルマを生み出すと注意しました。しかし、その肉屋は「私はこれしか知りません。これが私の生計の手段なのです」と言いました。するとシッダールタは、少なくとも日没から日の出までのあいだは殺さないという誓いを立てなさいと彼に言いました。シッダールタは、日中は殺してもいいという許可を肉屋に与えたわけではありません。彼が良くない行為を少しずつ最小限にしていくよう、彼を導いたのです。これらは、ブッダが仏法を説くために用いた巧みな手段のいくつかの例です。シッダールタは、貧しい女性が**彼の**衣服を繕ったために天国に行くことになると言ったのではありません。自分がまるで神であるかのようには言わなかったのです。彼女に幸運をもたらしたのは、彼女自身の惜しみのなさだったのです。

あなたは、これを逆説だと思うかもしれません。ブッダは存在せず、すべては空性であると言いながら、道徳や救済について説くブッダの言葉には矛盾があります。しかし、空性を知る準備ができていない人たちを怖がらせないためには、こういった方法が必要なのです。それによって彼らを落ち着かせ、本当の教えを受けられる状態にすることができます。これは、蛇が**いる**と言って、ネクタイを窓の外に放り投げるようなものです。仏の道は、こういった数え切れないほどの方法から成り立っています。しかし、仏の道そのものも最後には捨て去らなければなりません。向こう岸に着いたときにボートを乗り捨てるのと同じことです。たどり着いたのなら、船を降りなければならないのです。完全な悟りを得た時点で、あなたは仏教を捨てなければなりません。精神の道というのは一時的な解決策であって、空性が理解されるまで用いられる偽薬なのです。

理解することの利点

あなたはまだ、**空性を理解することにどのような利点があるのだろう?**と思うかもしれません。空性を理解することによって、あなたは存在しているように見えるすべてのものを認めながらも、それが本当に存在しているかのように幻に執着することがなくなります。また、虹を追いかける子どものような、絶え間のない失望もなくなります。あなたは幻の正体を見抜き、そもそも、その幻を作り出したのが自己であることを思い出すことができます。それでも気持ちを揺さぶられたり、感情的になったり、悲しんだり、怒ったり、情熱的になったりすることはあるかもしれません。しかし、それがただの映画であることをはっきりと理解しているために、映画館を後にしてからも劇中のドラマチックな出来事を引きずったりはしない人のような自信を持つことができます。そして、蛇がただのネクタイであったと気付いたときのように、あなたの期待や恐れは、少なくとも少しは静まります。

空性を認識していないとき、つまりすべてのものが幻であることを完全に理解していないときには、世界は本当に存在していて実体があり、堅固なものであるように見えます。そして、私たちの期待と恐れも堅固になり、その結果、制御できないものになります。たとえば、あなたが自分の家族に対して堅固な信頼を抱いているとしたら、あなたは自分の両親があなたの面倒を見てくれるという根強い期待を持っていることになります。あなたは道で出会う他人にそのような思いを抱いたりはしません。その人にそのような義務はないと思うからです。組み合わせによって成り立っている現象を理解し、空性を理解するようになると、人間関係にいくらかの余裕が生まれます。あなたの両親を形作ったさまざまな経験やプレッシャー、境遇を理解するにつれて、両親に対するあなたの期待は変化し、あなたの失望は小さくなります。これから親になる人がいるとしたら、相互依存性をほんの少し理解しておくだけでも、自分の子どもに対する期待を効果的に和らげることができます。そして、子どもはそれを愛情と受け取るかもしれません。この理解がなければ、私たちが良い意図を持って子どもたちを愛し面倒を見たとしても、私たちの期待と要求は彼らにとって耐えがたいものになってしまうでしょう。

同じように、空性を理解することによって、あなたは社会が作り上げては破壊する政治体制や科学技術、グローバル経済、自由社会、国際連合といったうわべの装飾や信念への興味を失います。子どもの遊びにはあまり興味のない大人のようになるのです。あなたは何年もこういった制度を信頼し、過去のやり方で失敗したことについてもうまくやってくれるのではないかと思ってきました。しかし、世界はいまだにより安全なものにも、より快適なものにも、より安定したものにもなっていません。

しかし、だからといってあなたが社会から逃避すべきであるというわけではありません。空性を理解することは無関心になることではありません。むしろそれとは逆で、責任感と慈悲が育つようになります。ジャックが泣きわめいて大騒ぎし、蛇を家の中に入れるのをやめろと誰彼かまわず怒鳴りつけているとしましょう。これが彼の思い込みによるものであると知っていれば、あなたは彼に同情を抱きます。しかし他の人たちはそれほど寛大ではないかもしれませんから、あなたがジャックのために、試しに明かりを点けてあげればいいのです。全体として見れば、あなたは自分が置かれた社会の仕組みの中で個人の権利のために闘い、仕事を続け、政治活動をするでしょう。しかし状況が変化するときには、それがあなたにとって有利であろうと不利であろうと、あなたは心の準備ができています。自分が望んだり期待したりするすべてのことが実現するに違いないと盲目的に信じたりはしませんし、結末にとらわれることもありません。

私たちの多くはたいてい暗闇の中にとどまることを選びます。自分が接続されているネットワークから抜け出す勇気のない私たちは、日々の生活を作り出しているものが幻であることを理解できません。私たちは、今と同じことを続けていれば十分に快適でいられる、あるいはもうすぐ快適になるだろうと考えます。たとえるなら、迷路でいつも決まったルートばかりを通り、他の道を探索する気にならないでいるようなものです。自分には失うものが多すぎると思い、大胆になることができないのです。私たちは、もし自分が空性の観点から世界を見るようになったら、社会から追放され、世間体とともに友人や家族、仕事を失うのではないかと恐れます。幻の世界の誘惑的な魅力も、私たちの助けにはなりません。見せ方があまりにもうまいからです。天国のような香りになれる石鹸だの、低炭水化物ダイエットがどれほど素晴らしいかだの、民主主義は唯一実効性のある統治システムであるだの、ビタミンでどれだけスタミナがつくかだの、そういったメッセージを私たちは大量に浴びています。真実の一つの側面以上のことを耳にする機会はほとんどありません。稀にあったとしても、それは非常に見えにくい形で伝えられます。**メキシコからの勤勉な移民がもっと増えれば、経済が発展し、多様な文化がより豊かになるかもしれない、**などとドナルド・トランプが宣言したでしょうか？

映画館にいる子どものように、私たちは幻にとらわれます。うぬぼれや野心、不安といったものはすべて、このことから生じます。私たちは自分が創り出した幻に心を奪われ、自分の外見や所有物、業績に過剰なプライドを持つようになります。まるで仮面を付けて、その仮面が本当に自分であると誇らしく思っているようなものです。

かつて五百匹の猿がいて、その中の一匹が自分はとても賢いと思っていました。ある夜、この猿は湖に月が映っているのを目にしました。彼は他の猿たちに「湖に行って月を取ってくれれば、私たちは月を救った英雄になれる」と誇らしげに伝えました。その猿たちは、初めは彼を信じませんでした。しかし、彼らは湖に落ちた月を自分たちの目で見て、それを助け出そうと決心しました。彼らは水面に揺らめく月に手が届くように、木に登って互いの尻尾をつかみました。最後の猿が月をつかもうとしたちょうどそのとき、木の枝が折れ、彼らはみんな湖に落ちました。月の姿が波紋でばらばらになる中、泳ぎ方を知らない彼らは水中でもがきました。名声と独創性への欲求に駆られる私たちは、この猿たちに似ています。救世主、賢い者、すべてを見通す者になりたいという野心に突き動かされている私たちは、物事を発見し、同胞を説得して自分が見ているものを見させ、自分が思っていることを思わせることが上手にできると思っています。私たちには、若い女性にいい印象を与えたいといったさまざまな小さな野心や、火星に降り立ちたいといったさまざまな大きな野心があります。そして、最後にはつかまる物が何もなく、泳ぎ方もわからない状態で水に落ちるということを何度も繰り返すのです。

◇◇◇

空性を理解したシッダールタは、菩提樹の下でクシャ草の上に横たわることと、宮殿で絹のクッションの上に横たわることのどちらかをより好んだりはしませんでした。金の糸で飾られたクッションの高い価値は、完全に人間の野心と欲望が作り上げたものです。実際、山に住む隠者はクシャ草のほうが爽やかで清潔だと思うかもしれません。そして何と言っても、クシャ草を使い古してしまっても心配は不要です。猫が爪を立ててしまわないように猫よけをスプレーする必要もありません。宮殿での生活は、手入れが必要なそういった「貴重な品々」であふれています。しかし、仮に選択を迫られたとしたら、シッダールタは手入れする必要のない草の敷物を選んだことでしょう。

私たち人間は、心が広いことを美徳であると考えます。心を広くするためには、自分たちを快適にしてくれるものや、自分たちが慣れ親しんだものだけに甘んじないことが重要です。社会の中で普通とされていることを越える勇気を持ち、論理による通常の境界線の内側で身動きがとれなくなったりしないことが役立ちます。境界線を越えることができれば、空性が馬鹿らしいくらいに単純なものであることに気付くはずです。ミラレパがヤクの角の中に避難したことは、誰かが手袋をはめたのと同じくらいに、驚くべきことではなくなります。問題は、私たちがお決まりの論理や文法、アルファベット、数値方程式を用いることに執着していることです。こういった習慣が組み合わせによって成り立っていることを思い出すことができれば、それらを断ち切ることができます。それらを壊すことは、不可能ではありません。必要なのは、条件が正確に整っていて、時宜にかなった情報が一つ与えられるという状況だけです。あなたはそのとき、自分が頼りにしているすべての道具がそれほど堅固なものではなく、伸縮自在で曲げることも可能であることに、突然気が付くかもしれません。そして、あなたの物の見方も変わります。長年腹立たしく思っていた自分の妻が、実は姿を変えた富の女神であると信頼している人に言われたら、あなたの彼女を見る目はすっかり変わるでしょう。同じように、あなたがすてきなレストランで、美味しいステーキをさまざまなソースとともに一口一口じっくり味わいながら食べているとしましょう。そして、シェフが実はそれは人の肉であると言ったとしたら、あなたの体験は一瞬にして一八〇度変化します。あなたが抱いていた美味しいという概念は、気持ち悪いという概念に変わるのです。

あなたは五百匹の象が出てくる夢から目覚めたとき、どうやってその象たちが自分の部屋に収まったのだろうかと困惑したりはしません。なぜなら、それらは夢を見る前も、見ている最中も、見終わった後も存在していなかったからです。しかし、あなたがその夢を見ていたとき、象たちは完全に本物でした。私たちはいつの日か、「大きい」や「小さい」、「得」や「損」といったものが存在しないこと、そしてそれがすべて相対的なものであることを、単に頭ではなく悟ることができるはずです。そうすれば、ミラレパがいかにしてヤクの角の中に収まることができたのか、アショーカ王のような暴君がなぜこの真実に頭を下げ、服従したのかを理解できるようになるでしょう。

第4章

涅槃とは概念を超越したものである

仏教徒たちによると、シッダールタは悟りを開いたこの生の前に、数え切れないほどの生を経験しました。鳥、猿、象、国王、女王としての生、そして生きとし生けるものすべてを利するために無知を克服することだけを目指す菩薩としての生も多く経験しました。しかし、彼がついに菩提樹の下でマーラに打ち勝ち、彼岸、つまり輪廻の向こう側にようやく到達したのは、インドの王子シッダールタとしての生涯においてでした。彼が至ったこの境地は「涅槃」と呼ばれています。涅槃に達した後、彼はバラナシに近いサールナートという場所で初めての説法をしました。そして彼の長い生涯が終わるまで、北インド中で教えを説き続けました。彼の弟子は、僧や尼僧、国王や将軍、宮廷に仕える女性たちや商人といった人々でした。彼の家族も、妻のヤショーダラーや息子のラーフラを含む多くが出家者となりました。彼は、インド国内外の多くの人々から無上の人と崇められました。しかし、彼は不死にはなりませんでした。教えを説いて回った長い生涯の後、彼はクシナガラという地で亡くなりました。そのとき、彼は涅槃をも越え、「般涅槃《はつねはん》」と呼ばれる境地に入りました。

天国——究極のバカンス？

涅槃、悟り、解放、自由、天国――多くの人々はこういった言葉を口にしたがりますが、時間をかけて吟味しようとする人はほとんどいません。こういった境地に入るとは、どういうことなのでしょうか？　私たちは、涅槃は天国とはまったく異なるものであると思っているにもかかわらず、私たちが想像する天国と涅槃の特徴はだいたい同じです。天国や涅槃は、私たちが長年にわたって責務を果たし、修行をし、善良な市民として生きた後、死んだときに行くところであると私たちは思っています。そこはすべての「良い」死人たちが集うところなので、私たちは多くの旧友たちと再会を果たすはずです。一方で、すべてのあまり善良でない死人たちは、はるか下のほうで苦しみます。私たちは、ついに人生の謎を解き明かし、やり残したことを全うし、償いをするチャンスを得ます。もしかすると、自分の過去生を見ることもできるかもしれません。性器のない小さな赤ん坊たちが飛び回り、私たちの服にアイロンをかけてくれます。私たちの住居は、私たちのニーズや欲求をすべて満たしていて、ルールを守る他の涅槃住民からなるコミュニティ内の、とてもいい場所に建っています。そこでは、窓やドアに鍵をかける必要が一切なく、おそらく警察官もいりません。もし政治家がいるとすれば、彼らはみな信頼できる正直な人たちです。すべてが私たちの好みにぴったり合っていて、まるでとても快適な老人ホームのようです。あるいは、限りなく純粋な白い光や広大さ、虹、雲といったものをイメージする人もいるかもしれません。その雲の上で私たちは幸福に満ちた状態でくつろぎ、千里眼と全知の力を使うのです。すでに死んでいるので、死を恐れる必要はなく、失うものは何もありません。一つだけ心配なことがあるとすれば、それは残してきた大切な友人や家族のことです。細かく吟味してみると、一般的に想像される天国や悟りは、あまり魅力的なものではありません。

シッダールタは、このような死後の世界が空想の産物であることを見出しました。退職後の生活や新婚旅行、ピクニックは楽しいものですが、それらに終わりがないとしたら話は別です。夢見ていたバカンスも、長すぎれば家が懐かしくなります。また、非の打ちどころがない生活でも、苦しみや危険を知らなければ退屈してしまうかもしれません。苦しみや危険というものが存在すると知ったときには、二つの選択肢があります。苦しんでいる人たちを見下すか、もしくは彼らに心から共感するかです。これはあまり天国的ではありません。私たちのいる俗世では、探偵映画やスリラー映画、官能映画を見ることができます。天国では、思わせぶりな言葉や刺激的な服装を楽しむことはできません。あなたが全知であれば、隠されているものがすべてわかってしまうからです。私たちは一生懸命に働いた一週間の終わりに、金曜の夜を祝うことができます。また、季節の移り変わりを楽しみ、最新のソフトウェアをパソコンにインストールすることができます。さらに、朝刊を開いて世界中で起きている不幸な出来事について読み、もし世界的リーダーになることができたら何をするだろうかと空想できるのです。しかし、私たちの「ささやかな喜び」の多くは、実際のところは悩みの種に他ならず、それも別のものを装ってすらいない、明らかな問題なのです。あなたがビールを片手にフットボールの試合を観戦するのが好きであれば、あなたは試合を丸々二時間観ることに縛られ、他のことをする自由はあまりありません。観戦の邪魔をするものがいちいち気になりますし、ケーブルテレビや食べ物にお金を使わなければなりません。コレステロールの数値が上がるかもしれませんし、相手チームが得点すれば心臓麻痺を起こす危険もあります。

これに対して、私たちが想像する悟りの境地は、永遠に変わることのない、問題が存在しない場所です。障害がまったくない状態に、私たちは対応できるのでしょうか？　私たちは、幸福の構成要素であると信じられているさまざまなスリルや成功、娯楽抜きでやっていかなければならないことになります。当然、安室奈美恵のファンは、天国のハープの調べにうんざりして、彼女のセクシーなミュージック・ビデオでテンションのあがるポップ・ソングやリズム・アンド・ブルースを聴きたいと思うでしょう。私たちが想像するような悟りの境地を受け入れたとしたら、サスペンス映画を楽しむこともできなくなるはずです。全知の力があるせいで、驚きの結末が台無しになってしまうからです。また、どの馬が勝つかすでにわかっていますから、競馬場でワクワクすることもないでしょう。

悟りや天国に与えられるもう一つの特徴が、不死です。雲の中にある新しい家に一度着いてしまえば二度と再び死ぬことはありませんから、永遠に生き続ける以外に選択肢はありません。そこを抜け出し、逃げることはできません。これまでに夢見たすべてのものを手に入れますが、出口や驚き、挑戦しがいのある課題、そして達成感はありません。また、自由意志もありません。もう必要ではないからです。こういったことをすべて考慮すると、私たちの現在の観点から言えば、悟りとは究極の退屈です。

しかし、私たちのほとんどは自分が想像する死後の世界を批判的な目では分析しません。それは素晴らしい最後の休息地であるという、漠然とした感覚を持ったまま曖昧にしておきたいのです。私たちが望んでいる悟りとは永遠であり、永住の地のようなものです。もしくは、人間にはない特殊な力を持った神や高位の存在として、一時的に戻ってくることができると考える人もいるかもしれません。彼らは、特別なパスポートで旅をする外交官のように、天使としての特権を持つことになります。そして、その特権と高い位によってビザを手配し、愛する人たちを導いて連れ帰ることができると考えているのです。しかし、ここで疑問が生じます。こうして連れ帰った新しい移民の中に独自の考え方をする人たちがいた場合——たとえば、天国の他の住民たちの目障りになる派手な靴下を好んで履くなど——それは天国で問題にならないのでしょうか？　また、すべての「善人」が天国や涅槃の会員資格を与えられるのだとしたら、誰にとっての幸福が優先されるのでしょうか？

それをどう定義するにせよ、生きとし生けるものの最終的な目標は幸福を得ることです。幸福が天国や悟りの定義に欠かせない要素であるのも不思議ではありません。理想的な死後の世界では、常に得ようと努力してきたものをついに手に入れることができるはずです。たいていの場合、私たちが想像する天国では、私たちは今と似たような仕組みの中で生活することになっています。違うのは、その仕組みがより洗練されていて、物事がよりうまく機能するということだけです。

幸福はゴールではない

ほとんどの人は、精神の道における究極の成果は、この人生が終わって初めて手に入ると信じています。そして次のように考えるのです。自分がこのけがらわしい環境や肉体から逃れることはできないのだから、十分な成功を収めるためには死ななければならない。神聖な状態や悟りの境地は、死んだ後に初めて経験することができる。したがって、この人生でできる最良のことはそれに備えることだ。自分たちが今何をするかによって、天国に行くか地獄に行くかが決まるのだ、と。中には、すでに希望を失ってしまった人々もいます。彼らは、自分たちが生まれつきの悪人もしくは邪悪であり、天国に行く価値がないと考えます。そして、初めから地獄へ行くように運命づけられていると考えるのです。同様に、多くの仏教徒たちは、誰もがゴータマ・ブッダと同じ可能性や本質を持っていると頭では理解していても、感情的には悟りに通じる黄金の門に到達する資質や能力が自分にはないと感じています。少なくとも、この人生では無理であると思ってしまうのです。

シッダールタにとって、天国や涅槃といった究極の休息地はどこかにある場所のことではまったくなくて、思い込みという名の拘束衣からの解放を意味します。実際に存在する場所を具体的に示してほしいというのであれば、それはあなたが今座っている場所かもしれません。シッダールタにとっては、インドのビハール州にある菩提樹の下の、平たい石と乾燥したクシャ草の上がその場所でした。今でも、誰もがその実際の場所を訪れることができます。シッダールタにとっての自由は、独占的なものではありません。それは、その人の勇気や智慧、勤勉さによっては、この生においても達成できるものです。地獄の囚われとなっている存在も含め、この可能性を持っていない人は一人もいません。

シッダールタが目指したのは、幸福になることではありませんでした。彼の道は、最終的に幸福へとつながるものではありません。むしろそれは、苦しみからの解放、つまり思い込みと混乱からの解放に直接つながる道です。したがって、涅槃とは幸福のことでもなければ不幸のことでもなく、そういった二元的な概念のすべてを超越したものなのです。涅槃とは安らぎです。シッダールタが仏法を説いたのは、蛇への恐れに苦しむジャックのような人々を完全に解放するためです。これが意味するのは、蛇の危険がないと気付いたことによる安堵をジャックが超越しなければならないということです。初めから蛇など存在しておらず、アルマーニのネクタイがあっただけだということに気付かなければならないのです。言い換えれば、ジャックの苦しみを取り除き、そもそも苦しみの原因が本質的には存在していなかったことに気付くように手助けをすることがシッダールタの目的なのです。

単に真実を理解するだけで悟りは成就される、とも言えるかもしれません。私たちは、真実を理解した分だけ「菩薩の階位」と呼ばれる悟りの段階を進んでいくことができます。子どもが劇場で恐ろしい怪物に怯えていたら、舞台裏で衣装を脱いだ役者に紹介することで、その恐怖を和らげることができます。同じように、すべての現象の背後にあるものがわかり、真実を理解できる度合いに応じて、あなたは解放されます。役者が仮面を外すだけでも、恐怖は少なくなります。それと同じように、真実を部分的に理解するだけでも、それと同等の解放が得られるのです。

彫刻家は大理石で美しい女性を作り出せるかもしれませんが、自分の作品に激しい愛情を抱くほど愚かであってはいけません。テレビゲームのなかの仮想の少女に恋するオタク少年のように、私たちも友人や敵を作り出しては、そのことを忘れます。自覚が欠如しているために、私たちの創作物は堅固で本当に存在するものへと変化し、私たちはさらに深みにはまります。あなたが単に頭でではなく完全に、すべては自分の創造物に過ぎないと気付いたとき、あなたは自由になるのです。

幸福は単なる概念に過ぎないと考えられているとはいえ、仏教の経典でも悟りの境地を表現する際は**大楽**《だいらく》といった言葉が用いられます。混乱や無知がなく、幸福も不幸もないことは至福ですから、涅槃は確かに喜びに満ちた状態として理解することができます。しかし、それよりさらによいのは、先ほどの蛇のように、混乱と無知の源が初めから存在しなかったと理解することです。悪夢から覚めたときには大きな安堵感を覚えますが、至福とは、そもそも最初から夢など見ないことなのです。この意味で、至福は幸福と同じではありません。シッダールタは弟子たちに対し、輪廻から自分を解放することを真剣に望むのなら、この世やあの世で安らぎや幸福を探し求めることは無益であると強調しました。

幸福の罠

ブッダにはナンダという従兄弟がいて、彼は複数いる妻のうちの一人を深く、そして激しく愛していました。彼らは互いに夢中になっていて、昼も夜も一緒にいました。ブッダは、ナンダがこの楽しみにふけった状態からそろそろ目覚めたほうがいいと思い、托鉢をしに彼の宮殿を訪れました。ナンダが愛の営みに忙しかったため、訪問客は追い返されるのが通例でしたが、ブッダには特別な影響力がありました。彼は多くの生の中で、ただの一度も嘘をつきませんでした。そして、その徳によって、彼の言葉には説得力があったのです。ブッダが玄関まで来ていることを守衛が伝えると、ナンダはしぶしぶ愛の巣から起き上がりました。彼は、自分の従兄弟にあいさつくらいはしなければと思ったのです。ナンダが出て行く前に、彼の妻は自分の親指に唾を付け、それで彼の額に円を描きました。そして、それが乾く前に自分のところに戻ってくるように言いました。しかし、ナンダがお布施をしに行くと、ブッダは本当に珍しくて素晴らしいものを見に行かないかと彼を誘いました。ナンダはその見物ツアーに参加しないための言い訳を探しましたが、ブッダは譲りませんでした。

ヤセザルが多く生息する山に二人が到着すると、猿たちの中にからだが特にゴツゴツとしていて、目が一つしかない雌猿がいました。ブッダはナンダに「あなたの妻とこの猿、どちらのほうが美しいですか」と尋ねました。当然、ナンダは自分の妻が最も美しいと答え、彼女が与えてくれる喜びについて説明しました。妻について話していると、ナンダは額の唾がすっかり乾いてしまっていたことに気付き、家に帰りたくてたまらなくなりました。しかし、ブッダは彼を家ではなく兜率天《とそつてん》へと連れて行きました。そこには、何百という美しい天女と山ほどの素晴らしい財宝が並んでいました。ブッダは「あなたの妻とこの天女たち、どちらの方が美しいですか」と尋ねました。すると今度は、ナンダは頭を下げ、この天女たちに比べれば自分の妻は雌猿のようなものだと答えました。ブッダは次に、ありとあらゆる財宝や天女たち、そして衛兵に囲まれた豪華な空席の王座をナンダに見せました。畏怖の念に打たれたナンダが「誰がここに座るのですか」と聞くと、ブッダは天女たちに尋ねるように言いました。彼女たちは次のように答えました。「地上にナンダという名前の人がいて、彼はもうすぐ僧になるでしょう。彼は徳行を積むことによって天界に転生してこの王座に就き、私たちは彼に仕えることになります」。ナンダはこれを聞くとすぐに、ブッダに自分を僧にしてくれるよう頼みました。

彼らはもとの世界に戻り、ナンダは僧になりました。その後、ブッダは別の従兄弟であるアーナンダを呼び、僧たちがみなナンダを遠ざけるように仕向けさせました。彼らは、どんなことをしてでもナンダを避けなければなりませんでした。ブッダは次のように言いました。「彼とつきあってはならない。あなたたちと彼の目的は同じではない。そのためにものの見方も異なり、行動も当然異なってくる。あなたたちは悟りを求めているが、彼は幸福を求めている」。僧たちがナンダを避けたため、彼は悲しみ、孤独になりました。そして、のけ者にされているように感じていることをブッダに話しました。するとブッダは彼に、再び自分と一緒に来るように言いました。彼らは、今度は地獄界へと旅し、ありとあらゆる拷問やからだの切断、窒息の苦しみを目の当たりにしました。さまざまな行為が行われている中心には巨大な釜があり、獄吏たちがその周りに集まって大がかりな準備をしていました。ブッダはナンダに、彼らが何をしているのか聞くように言いました。彼らの答えは次のようなものでした。「ああ、地上にナンダという名前の人間がいて、彼はいま僧になっている。そのために彼は長いあいだ天界に行くことになる。しかし、彼は輪廻の根源を断ち切っていないため、神々の世界の楽しみに夢中になりすぎて、良い状況をさらに生み出そうとはしなくなってしまう。彼の徳は尽き、彼はこの大釜に向かってまっすぐに落ちてくるだろう。そしてわれわれは彼を煮ることになるのだ」。

　この瞬間、ナンダは不幸だけではなく幸福も放棄しなければならないことに気が付いたのです。

　ナンダの話は、私たちが楽しみにふけることにいかに夢中になってしまうかをよく表しています。ナンダのように、私たちはより良い幸福が提示されると、それに劣る幸福をすぐに捨ててしまいます。一つ目の猿は、自分の妻が最高に美しいというナンダの認識をさらに強めましたが、天女たちを目にしたとき、彼はためらいもなく妻を捨てました。悟りが単なる幸福であるとしたら、何かもっといいものが現れたときに、それもまた捨て去られる可能性があるということです。幸福は、人生の土台とするには脆弱なものなのです。

私たち人間は、悟りを得た存在を自分自身の文脈の中で想像しがちです。はるかかなたにぼんやりと見える仮想上の悟った存在をイメージするほうが、実際に存在して、生きて、呼吸をしている悟った存在をイメージするよりも簡単です。なぜなら私たちは、そういった存在は迫力があり、人間が持ち得るすべての最高の特性のほかに、並外れた特徴や才能を持っているはずだと思っているからです。中には、懸命に努力すれば悟りを得られると考える人もいるかもしれません。しかし、そのような高尚なイメージを持ってしまっているために、「懸命に努力する」とはおそらく、何百万という生において全力を尽くし、ありとあらゆる楽しみを犠牲にするという意味でしょう。こういった考えは、わざわざそのことについて考えたときには生じるかもしれませんが、私たちはたいていそれを面倒に感じます。あまりに疲れるからです。日常的な習慣をやめることの難しさを考えると、悟りは手の届かないものに思えます。タバコをやめることすらできないのに、情熱や怒り、否定といった習慣をやめることなどどうして考えられるだろうか、と。私たちの多くは、救世主やグルといった人物に頼んで自分を清めてもらわなければならないと考えます。自分一人でそれをする自信がないからです。しかし、相互依存という真実に関する正しい知識を持ち、それを生かすために少しだけ自分を律することができれば、こういった悲観的な考え方をする必要はないのです。

希望と根本的な清らかさ

経験を通して得られた知識が疑念を超越するように、悟りも疑念を超越します。私たちの悟りを妨げるけがれや混乱が固定されたものではないことを、私たちは完全に理解しなければなりません。私たちの障害は頑固で永久的なものに見えるかもしれませんが、それらは実際には組み合わせによって成り立っている不安定な現象です。組み合わせによって成立している現象が依存的で操作可能なものであるという論理を理解すれば、私たちはそれらの永続しない性質を知り、それらを完全に取り除くことは可能であるという結論に達することができます。

私たちの本性はワイングラスのようなもので、私たちのけがれ、そして真実を覆い隠すものは汚れや指紋のようなものです。グラスを買うとき、そこに初めから指紋が付いているわけではありません。しかし、グラスがきれいではなくなると、習慣化した心はグラスに汚れが**付いている**のではなく、グラスが**汚い**と思ってしまいます。グラスは本質的に汚いのではなく、それは汚れと指紋が付着したグラスです。こうした不純物は取り除くことができます。グラスが汚いのであれば、グラス自体を捨てるしかありません。なぜなら、汚れとグラスが一つのもの――汚いグラス――になっているからです。しかし、実際はそうではありません。汚れや指紋、そしてその他の物質は、数々の状況が重なった結果としてグラスの上に現れています。それらは一時的なものです。汚れを洗い流す方法はいくつもあります。グラスを川や台所の流し、食器洗い機で洗うこともできますし、家政婦に洗ってもらうこともできます。しかし、どんな方法を用いるにせよ、意図しているのは汚れを取り除くことであって、グラスを捨てることではありません。グラスを洗うことと汚れを洗うことには大きな違いがあります。私たちは、それは意味論的な違いにすぎないと主張するかもしれません。お皿を洗うというのは、お皿から不純物を洗い落とすという意味なのだと。これには、シッダールタも同意するでしょう。しかし、グラスが何らかの形で前とは異なると考えるのであれば、それは勘違いです。グラスにもともと指紋があるわけではないため、汚れを取り除いても、グラス自体は変化しません。あなたがお店で買ったときのままのグラスなのです。

自分が本質的に怒りっぽくて無知だと思い、自分には悟りに至る能力がないと思うのは、自分の本性が永久に不純でけがれていると思うのと同じことです。しかし、ワイングラスに付いた指紋のように、こういった感情は私たちの本性の一部ではありません。私たちは単に、さまざまな好ましくない状況から汚染物質を集めてしまっただけなのです。不道徳な人たちと交際していたり、自分の行為がもたらす結果を理解していなかったりといった状況です。けがれが根本的には存在しないこと、自己の清らかな性質といったものは、しばしば「仏性《ぶっしょう》」と呼ばれます。しかし、けがれやその結果としての感情は、遠い昔からそこにあったためにあまりにも強力となり、第二の本性として常に私たちに影を落としています。私たちが望みはないと考えてしまうのも無理はありません。

希望を取り戻すために、仏道を歩む人たちはこう考えることから始めてもよいかもしれません。**私のワイングラスはきれいにすることができる、あるいは自分という存在から好ましくない性質を取り除くことができる、**と。これには、蛇を追い出さなければならないと考えたジャックと同様に、状況の見方としてはやや甘さがあります。とは言え、それは私たちが物事の根本的な本質を知るために必要な準備段階である場合もあります。すべての現象が元から清らかであることを理解できなくても、少なくとも清らかな状態に到達することは可能であると信じていれば、それは私たちが前に進む助けになるのです。ジャックが蛇を追い払いたいと思っていたように、私たちは真実を覆い隠すものを取り除きたいと思います。そして、それが可能だと知っているために、勇気を出して挑戦するのです。私たちは単に、けがれの原因と条件を弱めるため、もしくはけがれとは反対のものを強めるための対策を講じさえすればいいのです。たとえば、愛と慈悲を生み出して怒りを克服することも一つの方法です。私たちがお皿を洗おうという気になるのは、きれいなグラスを得ることができると信じているからです。同じように、真実を覆い隠すものを取り除きたいという熱意は、自分が仏性を持っていると信じることによって生まれます。私たちが自信を持って汚れたお皿を食器洗い機に入れるのは、食べカスは取り除くことができると知っているからです。木炭を洗って白くしてほしい言われたとしても、そのような熱意や自信は生まれないでしょう。

嵐の闇に走る光

しかし、これほどの無知と闇、そして混乱の真っただ中において、どうやって仏性を見つければいいのでしょうか。海で迷った船乗りにとって最初の希望の兆しは、雨風が吹きすさぶ暗闇の中を走るひと筋の光をみつけることです。それに向かって船を進めれば、光の源である灯台に行き着くことができます。愛と慈悲は、仏性から発せられる光のようなものです。初めのうちは、仏性は私たちの見方を越えた概念に過ぎません。しかし、愛と慈悲を生み出すことによって、私たちはやがてそれに向かって進んでいくことができます。欲深さや憎しみ、無知の闇の中で迷ってしまった人の中に仏性を見いだすことは難しいかもしれません。彼らの仏性はあまりにも遠いところにあるため、私たちはそれが存在しないと思うかもしれません。しかし、最も邪悪で暴力的な人たちの中にさえ、いかに短くかすかであろうとも、愛と慈悲の閃光は存在します。そういった稀なきらめきに注意を払い、光の方向に進む努力をすれば、彼らの仏性もあらわれてくるでしょう。

このような理由から、愛と慈悲は、無知が完全にない状態に至るための最も安全な道として称賛されています。シッダールタが初めて慈悲の行為を行ったのは、菩薩としてではありませんでした。それは彼の初めのころの生で、彼にはふさわしくないような場所、つまり地獄の住人であったときのことでした。彼はそこに、自分の悪いカルマの結果として行き着きました。彼と彼の仲間の地獄の住人は、地獄の炎の中で戦車を引かされていました。後ろには主人である悪魔が乗っていて、二人を容赦なくムチで打っていました。シッダールタにはまだかなり力が残っていましたが、彼の仲間はひどく弱っていたために、よりいっそう激しく標的にされていました。

仲間がムチで打たれている姿をみて、シッダールタの中に強い慈悲の気持ちが走りました。シッダールタは「どうか彼を解放してください。私に二人分の苦しみを背負わせてください」と悪魔に懇願しました。激怒した悪魔がシッダールタの頭を殴りつけたために彼は死に、より上の世界へと転生しました。この死ぬ間際の慈悲のきらめきは、彼の後の生において成長を続け、明るさを増していきました。

愛と慈悲の他にも、仏性への気付きに近づくための道は無数にあります。自分自身や生きとし生けるものの根本的な善性を頭で理解するだけでも、この理解が私たちを悟りへの到達に近づけてくれます。たとえるなら、大切なダイヤの指輪を失くしてしまったとしても、少なくともそれが広大な山の斜面のどこかにあるのではなく、自分の宝物箱の中にあることを知っているようなものです。

私たちは悟りを**達成する**、**望む**、**願う**といった言葉を使いますが、究極的には悟りは自分の外側にある何かから獲得するものではありません。ずっとそこにあった悟りを**見つける**という表現のほうがより正確です。悟りは私たちの本性の一部です。私たちの本性は、黄金の像のようなものです。しかし、それはまだ鋳型の中に入ったままの状態です。そしてこの鋳型は、私たちのけがれや無知のようなものです。鋳型が像の一部ではないように、無知や感情は私たちの本性に本来備わっているものではありません。したがって、根本的な清らかさというものがあるのです。鋳型が壊されれば、像が現れます。私たちのけがれが取り除かれれば、真の仏性が明らかになります。しかし、仏性は神聖な、真に存在する魂や霊的実在ではないということを理解しておく必要があります。

どう感じる？

この悟りというものが幸福でも不幸でもないのなら、それは何なのだろう？ このような疑問はまだ残るかもしれません。悟った人はどう見えて、何をするのでしょうか？ 自分の仏性に気が付くと、どう感じるのでしょうか？

仏教の経典では、このような質問が投げかけられた場合の答えはたいてい、それは私たちの概念を越えたもので、言葉では表現できないものである、というものです。多くの人は、これは質問に答えないためのずるい方法であると誤解しているようです。しかし、本当に**これが**答えなのです。私たちの論理や言語、記号はあまりにも限られているため、安堵感のようなありふれたことさえ完全には表現できません。言葉は、安堵という経験全体を誰かに完全に伝えるには不十分なのです。量子物理学者たちでさえ自分たちの理論を言葉でうまく表現できずにいるというのに、どうして私たちは悟りを表現する言葉が見つかると思うのでしょうか？　使える論理と言葉の数が限られていて、感情が私たちを支配し続けている現状から抜け出せずにいるあいだは、悟りを開くことがどのようなものなのかを想像することしかできません。しかし、不断の努力と推論によって、実際の悟りに近いものを想像できることもあります。たとえるなら、山の頂上から煙が出ているのを見て、火事が発生していると推測できるようなものです。同様に、私たちも自分にあるものを用いることによって、真実を覆い隠すものが原因と条件に由来し、それを操作して最終的に取り除くことはできるということを知り、受け入れることができるようになっていきます。けがれから生じる感情や好ましくない性質が存在しない状態を想像することは、悟りの本質を理解するための第一歩です。

あなたが頭痛で苦しんでいるとしましょう。あなたはまず、それが治まることを願うはずです。これができるのは、頭痛が生まれながらのものではないことを知っているからです。次にあなたは、睡眠不足といったような、頭痛の原因を突き止めようとします。そして原因がわかれば、アスピリンを飲んだり、横になって昼寝をしたりと、頭痛を取り除くための適切な対策ができるのです。

シッダールタはバラナシにおける最初の説法で、四聖諦《ししょうたい》として広く知られている以下の四つの手順を教えました――苦しみが何であるかを知る、苦しみの原因を捨て去る、苦しみが消滅する道をとる、苦しみには終わりがあることを知る。シッダールタがなぜ「苦しみが何であるかを知りなさい」と指摘する必要があったのか疑問に思う人もいるでしょう。自分が苦しんでいるときにそうと気付けるくらいの知性は私たちにあるのではないのだろうか、と。残念ながら、苦痛が最大限に開花した状態にならないと、私たちはそれが痛みや苦しみであると気付くことができません。アイスクリームを幸せそうに舐めている人に、その人が苦しんでいることを納得させるのは容易ではありません。しかしそのうちに、彼はコレステロール値を下げて体重を減らすよう医者に警告されていたことを思い出します。あなたがこの一見喜びに見えるものを、彼がアイスクリームを無性に食べたくなった時点から、脂肪とコレステロールが心配になっている時点まで注意深く検証してみれば、それが不安な時間であったことがわかるはずです。

適切な対策を講じれば、怒りといった感情を半日くらいはコントロールできるだろう、と認めることは簡単です。しかし、感情が永久に消えうることを受け入れるのは、心理的に困難なことです。怒りを部分的に取り除き、おおむね穏やかで落ち着いているように見える人を想像できるのなら、それをもう少し発展させて怒りを永久に取り除いた人も想像することができます。しかし、すべての感情を超越した人はどのように振る舞うのでしょうか？　盲信的な人たちは、雲の上に足を組んで座っているような、おとなしい存在をイメージするかもしれません。一方で懐疑的な人たちは、無反応で頭の回転が遅い植物のような人に違いないと考えるか、そのような人はそもそも存在しないと考えるかもしれません。

悟りの境地を言葉で表現することは不可能ですし、普通の心では悟った存在をそれとわかることもできません。しかし、「シッダールタとは何者だったのだろう？　彼がした素晴らしい、そしてこれほどまでに人を動かしたこととは何なのだろう？　彼はどんな並外れた偉業を成し遂げたのだろう？」と問うことはできます。仏教では、空中を飛ぶといった超自然的な行為や、第三の目といった身体的特徴によって悟った存在と判断されることはありません。ブッダは見た感じがとても穏やかで、金色で、手は上品で、振る舞いに威厳があると表現されることがよくあります。しかしこういった描写は、主に世間知らずな人やジャックのような人たちにしか魅力的にうつらないでしょう。厳格な仏教の経典では、ブッダの空中を飛んだり魔法を使ったりする能力は誇示されていません。むしろ、仏教徒は核心となる教えの中で、こういった重要ではない特徴に感心しないように幾度となく注意されます。ブッダはそういった能力を持っていたかもしれませんが、それが彼の最大の偉業とみなされたことは一度もありません。彼の最大の偉業は、真実を理解したことです。なぜなら、真実を理解することによって、私たちは苦しみから永久に解放されるからです。これこそ真の奇跡です。ブッダは私たちが目にしているのと同じ老いと病、そして死を見ましたが、彼はその根本原因を見つけようとしました。このこともまた奇跡です。組み合わせによって成り立つすべてのものは無常であると気付いたことは、彼にとって究極の勝利でした。自分の外側に存在する敵に勝利したことをひけらかす代わりに、彼は本当の敵が自己への執着であることに気付きました。そして、その自己への執着を打ち破ることは、現実あるいは想像上のあらゆる超自然的な奇跡よりもはるかに偉大な奇跡なのです。

時間と空間が相対的なものであると発見したのは現代の科学者たちだということになっていますが、シッダールタは二千五百年前に、研究助成金も科学実験室もなしで同じ結論に達しました。これもまた奇跡です。当時の人たちの多くは（現代人の多くもそうであるように）自分の自由は他者の善意に依っているという考えにとらわれていました。そのような彼らとは異なり、シッダールタは生きとし生けるものが本質的に清らかであることを発見しました。この知識を得れば、誰もが自分自身を自由にする力を持つことができます。ブッダは隠遁して一生瞑想にふけることもできました。しかし彼には、それを教え、それを理解することがいかに難しいことであろうとも、自分の画期的な発見を生きとし生けるものと分かち合おうという信じられないほどの慈悲がありました。彼は、何万という方法からなる道を設計しました。それらの方法には、香を捧げることや背筋を伸ばして座ること、呼吸を意識することといったシンプルなものから、複雑な観想や瞑想といったものまでありました。彼の並外れた力とは、このことを言うのです。

空間と時間を超越することの利点

悟りを得たシッダールタは、ブッダとして知られるようになりました。**ブッダ**とは人の名前ではなく、ある心の状態に対する呼び名です。**ブッダ**という言葉は、二つの側面を持つ一つの性質と定義されます。二つの側面とは「成就した者」と「目覚めた者」であり、けがれを取り除いた者、智慧を得た者と言い換えることもできます。ブッダは菩提樹の下で真実を理解することによって、主体や客体といった概念にとらわれた二元的な状態から目覚めました。彼は、組み合わせによって成り立つすべてのものはそのままの状態では存在し続けないこと、自我への執着から生まれたあらゆる感情は人を至福へ導かないこと、真に存在する自己も、知覚されるべき真に存在する現象も存在しないこと、そして悟りですら概念を越えたものだということに気付きました。こういった理解のことを、私たちは

「ブッダの智慧」と呼びます。それは、まるごとの真実に気付くことです。ブッダは全知であると言われますが、それは彼が世界中のすべての大学に行って、すべての本を暗記したという意味ではありません。そのような勉強を目覚めた智慧と同列に見なすことはできません。なぜなら、そういったものは客体と主体に基づいていて、それ自体の限界や規則、目的に縛られた二元的な知識だからです。私たちの目にも明らかなように、今日の科学的知識すべてをもってしても、世界は良くなっていません。むしろ悪くなってさえいるかもしれません。全知であるということは、博学であるという意味ではありません。誰かがすべてを知っていると言うときには、その人に「知らないということ」がないこと、そして無知がないことを意味するのです。

ブッダはさらに一歩踏み込んで、目覚めた心、つまり真実を他者に示しました。彼らもまた、苦しみの連鎖を壊すことができるようにです。この慈悲が、彼が崇敬される最大の理由です。誰かが地雷原をそれと知らずに歩いて通ろうとしていたら、私たちは彼に知らせることなく素早く地雷の信管を抜くことができるかもしれません。しかし、これはその人を一時的に守るだけで、真実のすべてを与えることにはなりません。彼の進もうとしている方向に何マイルかにわたって地雷が埋まっていることを彼に説明すれば、彼を差し迫った苦しみと将来の苦しみの両方から救うことができます。彼はそこからさらに、この知識を他の人と共有することもできます。ブッダはこれと同じように、豊かになることを望むのなら物惜しみをする心をもたないように、自分の敵を攻略することを望むのなら慈悲深くなるようにと人々に説きました。しかし彼は、豊かになりたいのならまずは満足しなさい、敵を攻略したいのならまずは自分の怒りを攻略しなさいとも助言しました。究極的に彼が説いたのは、自己を解体することによって苦しみを根元から断ち切ることができるということでした。自己が存在しなければ、苦しむ人も存在しないからです。

シッダールタの教えを讃えて、彼の弟子たちは歌や祈りをもって深い敬意を表しました。その中で、シッダールタは宇宙全体を一つの原子の上にのせられるほどの力を持っていると称賛されています。また同様の敬意から、「仏国土」と呼ばれる世界に生まれ変わることを願う仏教徒もいます。仏国土は、限りなく小さい粒子ほどの大きさの浄土であると言われています。そこでは、宇宙に存在する原子と同じ数のブッダが自分たちの弟子に教えを説きます。ミラレパのヤクの角のように、信じない人はこれを宗教的なおとぎ話と考える一方で、信じる人は**もちろんブッダにはこれができるだろう——彼は全能なのだから**と、無批判にこの説明を受け入れてしまうかもしれません。しかし、最小や最大といった二元的な区別が一切存在しないことに気付き、空性の観点から真実について考えることができれば、ブッダが世界を持ち上げて原子の上に置くのに筋肉や腕力を必要としなかったことははっきりしています。大きいも小さいもないという理解こそが、必要な力のすべてだったのです。私たちが物事をこのように見るのを妨げている習慣を取り除くことは可能ですが、私たちの限られた論理がその邪魔をします。私たちはまるで、拒食症か過食症患者のようです。その患者は美しくてほっそりしているのに、鏡に映った自分の姿をどうしても受け入れられずにいます。彼女がなぜ自分のことを太っていると考えるのか、他の人には理解できないのです。ブッダは、このように真実を覆い隠しているものをすべて取り除き、時間や空間、性別、価値といったあらゆるものに二元性が存在しないことを理解しました。だから宇宙は一つの原子の上にのることができたのです。この理解のために、詩才のある信者たちはブッダを「空間と時間を越える」と讃えました。シッダールタに最も近い弟子、つまり阿羅漢たちまでもが、空と手のひらの大きさは等しく、一片のほこりと一片の金には同じ価値があると見なしたことで知られています。

シッダールタが悟りを開いたとき、彼は時間を止めたわけでもなければ、時の終わりに到達したわけでもありませんでした。彼は単純に、もはや時間の概念によって汚されてはいなかったのです。真実を覆い隠している時間と空間をシッダールタがすべて取り除いたと言うとき、それは彼がタイムマシンを壊したり、方位磁石を物理的に分解したということではなく、彼が時間と空間の概念のすべてを完全に超越したということを意味するのです。

私たちのような時間の奴隷には、実際に時間と空間を超越するとはどういうことなのか想像すらつきません。しかし、日常の中でこういった概念の柔軟性を感じ取ることはできます。恋に落ちることでも、時間は伸びたり曲がったりします。私たちはそのような相手に出会うと、その人と心からわかり合える関係になり、結婚し、子どもやさらには孫を持つことまで空想します。ところが、たとえば愛する人の口元からよだれが少し垂れているのを見ただけで、私たちは即座に現実に引き戻され、そういった子どもや孫の姿も消え去ります。

空間と時間を超越することの利点があまりにもわかりづらいために、私たちはそれらを理解しようという気になりません。私たちは時間と空間に依存した世界に慣れすぎてしまっていて、そのような漠然としたご褒美のために努力することができないのです。それよりも、感情的な区別、つまり善と悪、快楽と苦痛、賞賛と批判などの二元的な感情を超越した悟りの側面のほうが理解しやすいかもしれません。私たちが空間や時間に依存するのはよくわかります。なぜなら、それらは今のところとても役に立っているからです。しかし、こういったそれ以外の区別は、ばかばかしいほどに役に立ちません。二元性に陥った私たちは、毎年何百万ドルというお金を費やして体面を保とうとします。私たちが一人で砂漠をさまよっているのであれば、外見が素敵であることには何の意味もありません。したがって、私たちが他人を引きつけ、他人と競争し、他人に受け入れてもらうために他者との関係において自分を良く見せようとしているのは明らかです。誰かに「まあ、すてきな足をしてますね」と言われると私たちは大喜びし、もっとおしゃれをしてさらにほめられようとします。こういったほめ言葉は、鋭いナイフに塗られた蜂蜜のようなものです。

私たちの多くは、自分にとっての美の概念に夢中になりすぎていて、自分が魅力的だと思うものが実は他人を不快にさせているかもしれないことに気付きません。そして、自分自身の概念や虚栄心の犠牲者になっているのです。この虚栄心は化粧品業界を潤し、環境を事実上破壊する原因と条件の一つとなっています。私たちは、少しの批判を含んだ多くの称賛を受けると、すべての注意を批判に向けます。そして、称賛への欲望はとどまるところを知りませんから、ほめ言葉は当然のこととして受け取ります。終わりのない称賛と注目を欲する人は、空の果てを見つけようとしている蝶のようなものです。

区別もなく、概念もなく、束縛もない

時間や空間という慣習的な概念に加えて、ブッダは気づかないうちに作用する感情的な

二元的区別もすべて捨て去りました。彼は批判よりも称賛を好むことをせず、損よりも得を好むことをせず、不幸よりも幸福を好むことをせず、無名よりも名声を好むということをしませんでした。また、楽観主義にも悲観主義にも惑わされませんでした。何かが他のものよりも強く彼を引きつけたり、やる気にさせたりすることはありませんでした。もしあなたが、ちっぽけな称賛や批判の餌食になることがなくなり、ブッダと同じように、それらをこだまのような、ただの音として聞くことができるとしたらどうでしょうか。もしくは、死の床で聞いているかのように聞くことができるとしたらどうでしょうか。愛する人たちがあなたの美しさや素晴らしさを称賛するのを聞くことに、多少は喜びを覚えるかもしれません。しかし同時に、そのことに関心はなく、心を動かされることもありません。もはや言葉に対する執着がないのです。また、虎にとってのサラダのように、すべての世俗的な誘惑がつまらないものに見え、賄賂やそのほかの説得の影響を受けることがないとしたらどうでしょうか。私たちが称賛に買収されず、批判に打ち負かされることもなければ、それは並外れた強さを持っていることになります。私たちはとてつもなく自由で、必要のない期待や恐れも、血がにじむような努力も、感情的な反応もないはずです。私たちは「もう気にしない」という姿勢をやっと実践できるのです。他者からの受容を追い求めることや、他者からの拒絶を避けることの両方から自由になり、私たちは今この瞬間のありようを大切にすることができます。私たちはほとんどの時間を、良いことを持続させようとするか、それらを将来的により良いものに取り替えることを考えるか、今より楽しかったときのことを思い出して過去に浸ることに費やしています。しかし皮肉なことに、私たちは自分が懐かしがっているその経験を本当に大切にしたことは一度もありません。なぜなら、その経験をした当時、私たちは期待と恐れにしがみつくことに忙しすぎたからです。

私たちが浜辺で砂のお城を作るのに忙しい子どものようであるとしたら、悟りに至った存在はパラソルの下でそれを眺める大人に似ています。子どもたちは自分が創り出したものに心を奪われていて、貝殻やシャベルを取り合い、押し寄せる波に怯えます。彼らはあらゆる種類の感情を経験します。一方で、大人たちはそばに寝そべり、ココナッツのカクテルをゆっくりと楽しみ、見物し、評価をしないでいます。砂のお城がとても上手に作れても誇りに感じず、誰かがお城の塔を誤って踏んでしまっても怒りや悲しみを感じません。彼らは子どもたちとは違って、一連の出来事に夢中になっていないのです。これ以上の悟りがあるでしょうか？

俗世界で悟りに最も近いたとえを探すとしたら、それは「自由」です。実際、自由という概念は私たち一人一人の人生や社会の原動力となっています。私たちは、したいことが何でもできる時間や場所――アメリカン・ドリーム――を夢見ます。また、演説や憲法の中で「自由」や「個人の権利」を真言のように繰り返し唱えます。しかし、心の底ではそれらを本当には欲していません。完全な自由を与えられたとしても、私たちはきっとどうしたらいいのかわからないでしょう。私たちには、真の自由を生かすための勇気も能力もありません。なぜなら、自分自身のプライドや欲深さ、期待、そして恐れから自由になっていないからです。地球上から一人を除くすべての人間が突然消えてしまうとしたら、私たちはその人にとっての完全な自由とはどんなものであるかを想像することができます。彼は叫び声を上げたり、裸で歩き回ったり、法律を破ったりすることができます。法律も証人も存在しないのにです。しかし、遅かれ早かれ彼は退屈し、孤独になり、仲間が欲しいと思うようになります。人間関係という概念自体が、自分の自由の一部を手放すことを意味します。そのため、もしそのひとりぼっちの男の願いが叶い、彼に一人の仲間が与えられたとしたら、おそらくその仲間は自分の好き勝手に行動し、意図的かどうかは別として、かなりの確率で彼の自由を脅かすでしょう。この責任は誰にあるのでしょうか？　それはひとりぼっちの男です。なぜなら、彼自身の退屈がこの破綻を招いたからです。退屈と孤独がなければ、彼は今も自由でいられたのです。

私たちは自分の自由を制限するのが上手です。たとえ可能であったとしても、生まれたままの姿で歩き回ったり、仕事の面接に死んだ魚をネクタイにして行ったりはしません。なぜなら、他者に好印象を与えて友人を得たいからです。また、それがどれほど英知に富むものであったとしても、既存のものに代わる文化や非西洋的な文化を探求しようとはしません。ヒッピーの烙印を押されては困ると思っているのです。

私たちは責任と服従という牢獄の中で暮らしています。個人の権利やプライバシー、言論の自由といったことで大騒ぎをしながら、テロリストの家の隣に住むことは嫌がります。そして、他人にはルールを守ることを強要したがります。他人が完全に自由だと、自分の欲しいものがすべて手に入らないかもしれません。彼らの自由があなたの自由を制限するかもしれません。ニューヨークでビルが破壊されて瓦礫と化したり、パリやマンチェスターで罪のない人々がコンサートの最中に殺害されたりすると、私たちはテロリストを野放しにしていると言って政府を非難します。自分たちをいじめっ子から守るのは政府の役目だと考えているからです。しかし、そのいじめっ子やテロリストたちは、自分たちは自由のために戦う闘士であると思っているのです。一方で、私たちは政治的に正しくあること、正義感のある人であることを望みますから、人種的にマイノリティである隣人が警察に逮捕されたら抗議するかもしれません。自分たちからかけ離れた問題に関して政治的に正しくあることは特に簡単です。いずれにしても、私たちは自分自身の政治的に正しいふるまいの犠牲になってしまう危険性があるのです。

放棄——空のように果てしなく

悟りを得ることを真剣に望むのなら、自分にとって重要な物事を放棄する強さが必要です。そして、一人で仏道に入るための大きな勇気もなくてはなりません。称賛を受けることも得をすることも求めない人、批判を受けることも損をすることも避けない人は、異常な人あるいは頭がおかしい人という汚名をきせられる可能性があります。普通の見方をすれば、悟りに到達した存在は常軌を逸しているかのように見えるかもしれません。なぜなら彼らは交渉をせず、物質的な利益に誘惑されることや心を揺さぶられることがなく、退屈することがなく、スリルを探し求めず、失う面子がなく、礼儀作法を守らず、決して自分が得をするために偽善を用いず、他人にいい印象を与えるために行動することが一切なく、誇示するためだけに自分の才能や力を人前で見せたりしないからです。しかし、それが他者を利するのであれば、こういった聖人たちは完璧なテーブルマナーを身に付けることからフォーチュン500〔フォーチュン誌が年一回発表する総収益ランキング〕にランクインするような会社を率いることまで、必要なことは何でもするでしょう。二千五百年の仏教の歴史の中で、おそらく数えきれないほどの悟りに至った人々が、決して悟った存在として知られることがなかったか、狂人としてのけ者にされてきたことでしょう。いわゆる「常軌を逸した智慧《クレイジー・ウィズダム》」の持ち主として高く評価された人は、ほんの数人しかいません。しかしよく考えてみれば、本当に狂っているのは、こだまのようなほめ言葉にのぼせあがり、批判についてくよくよ考え、幸福をつかみ取ろうとしている私たちのほうなのです。

時間や空間を超越することはもちろんですが、称賛や批判を超越することすら不可能なことのように思えます。しかし、組み合わせによって成り立つすべてのものは無常であることを、単に頭でではなく心の底から理解し始めると、私たちの執着は弱まります。そして、自分の考えや所有物は価値あるものであり、重要で、永遠に存在するという確信も揺らぎ始めます。あと二日しか生きられないと告げられたとしたら、私たちの行動は変化するでしょう。靴を一列に並べることや下着にアイロンをかけること、高価な香水を買いだめすることに気をとられなくなります。買い物には行くかもしれませんが、それまでとは違う態度で行くでしょう。慣れ親しんだ概念や感覚、そしてもののいくつかが夢としてしか存在していないことをほんの少しでも理解すれば、私たちは今よりもはるかに優れたユーモアのセンスを養うことができます。自分の置かれた状況の中にユーモアを見出すことは、苦しみを防ぐことにつながります。それでも感情は起こりますが、私たちはもはやそれに騙されたり、目がくらんだりすることはありません。恋に落ちることはあっても、振られることへの恐れはありません。自分の持っている最高の香水やフェイスクリームを特別なときのために取っておくことなく使います。こうして、毎日が特別な日になるのです。

ブッダの素晴らしさを言葉で表現することはできません。それは大空のようなもので、果てがありません。私たちの言葉や分析力で扱うことができるのは、宇宙の概念までです。空の果てを見つけようと高く高く飛ぶ鳥も、どこかの時点で自分の限界に達し、地上へ戻らなければならないのです。

この世界での私たちの経験は、複雑に絡み合ういくつものストーリーや、浮き沈み、ドラマやスリルで構成される壮大な夢に最もうまくたとえることができます。その中の一話が悪魔と獣だらけの回であれば、私たちはそこから逃れることを願います。そして、目を開けて天井でファンが回っているのを見て、私たちは安心します。話の種として「悪魔に追われている夢を見たよ」と人に言い、悪魔の手を逃れたことに安堵感を覚えます。しかし、悪魔が立ち去ったのとは違います。悪魔は夜のあいだにあなたの部屋に入ってきてなどいませんし、あなたが悪魔の恐ろしい経験をしているあいだも、悪魔はそこにいなかったのです。悟りに目覚めたあなたは、かつて有情であったことも、もがき苦しんだことも ありません。それ以降、悪魔の再来を警戒する必要はなくなります。悟りの境地に達した あなたは、自分が無知な存在であったときのことを思い起こすことはできません。瞑想は もう必要なくなっています。思い出すことは何もありません。なぜなら、忘れてしまった ことなど何もないからです。

ブッダが『般若経』の中で言われているように、すべての現象は夢や幻のようなもので あり、悟りすらも夢や幻のようなものです。そして、悟りよりも偉大で壮大なものがある としても、それもまた夢や幻のようなものです。ブッダの弟子である偉大なナーガールジ ュナは、輪廻を捨て去った後に涅槃があるとはブッダは述べていないと記しています。輪 廻がないことが涅槃なのです。ナイフは二つのもの、つまり砥石と金属が磨耗することで 鋭くなります。これと同じように、悟りはけがれとけがれを落とすものが磨耗したことの 結果です。悟りへの道も最後には捨て去らなければなりません。あなたが自分を仏教徒だ と考えているうちは、あなたはまだブッダではないのです。

結論

近頃では、自分が快適と感じられるようにいくつかの宗教をごちゃ混ぜにしたり、融合させたりする人に出くわすことは珍しくありません。彼らは、特定の宗教に属さない人間でありたいと思い、キリスト教の概念をブッダの観点から説明しようとするか、仏教とスーフィズム、もしくは禅とビジネスのあいだに類似点を見つけようとします。もちろん、二つのものが存在していれば、ちょっとした類似点くらいは必ず見つけることができます。しかし、私はそのような比較が必要だとは思いません。どの宗教もなんらかの慈善的な目的——たいていは苦しみを和らげること——を持って始まるものですが、それぞれの宗教には根本的な違いがあります。宗教は薬のようなものです。薬と同じで苦しみを和らげるように作られていますが、患者や病気に応じてさまざまな種類があります。蚊に刺されれば、その効果的な治療はかゆみ止めを塗ることです。もし白血病になってしまったら、かゆみ止めと化学療法の類似点を見つけて、より簡単だからという理由でかゆみ止めを使うのが正しいとは言わないでしょう。同じように、複数の宗教を混同する必要もないのです。

本書で、私は仏教的な見方の基本を垣間見る機会を提供しようとしました。どの宗教においても、実践の基礎となるものは見方です。なぜなら、それによって私たちの動機や行動が決まるからです。「物事は見かけによらない」という言葉は実に的を射ています。隣人を見かけだけで判断することは絶対に不可能です。ですから、宗教のような個人的なものをうわべだけで判断できるはずもありません。奨励される行動や倫理、道徳、そして行動規範によってすら、宗教というものを判断することはできないのです。

見方が最終的な基準点となる

どのような宗教においても、その核心にあるのは**見方**です。さまざまな宗教の関係者が集う国際会議では、社交辞令としてすべての宗教は基本的に同じであるということに同意せざるを得ないかもしれません。しかし実際には、宗教によって見方は大きく異なります。そして、ある見方が他の見方よりも良いかどうかを判断できるのは、あなた自身だけです。個人としてのあなただけが、自分の知的能力や好み、感覚、そして生い立ちに基づいて、自分にうまく作用する見方を選びとることができます。種類豊富なビュッフェのように、さまざまなアプローチの中から誰もが自分に合うものを見つけることができるのです。たとえば、ジャイナ教のアヒンサー〔何ものにも害を及ぼさない〕の教えは非常に素晴らしく、なぜこの偉大な宗教が他の宗教のように栄えていないのか不思議なほどです。そして、キリスト教の愛と救済の教えも何百万という人々の心に安らぎと調和をもたらしました。

こういった宗教を外から見ただけでは、部外者の目に異質で非論理的なものと映るかもしれません。私たちの多くは、無理もないことですが、はっきりとした根拠に欠けた古来の宗教や迷信に疑いを抱きます。たとえば、多くの人が仏教僧のえび茶色の僧衣や剃られた頭に困惑します。なぜなら、それらは科学や経済、そして人生全般とは無関係に思えるからです。私は、そういった人たちがチベットの僧院に送られて、忿怒の相をした守護尊や性交の体位を取った裸の女性たちの絵と向かい合ったらどう思うのだろうかと考えずにはいられません。彼らはそれが『カーマ・スートラ』のエキゾチックな側面だと思うか、もっとひどければ堕落や悪魔崇拝の証拠だとさえ思うかもしれません。

また、外部の人々はジャイナ教の修行者たちが裸で歩いているのや、ヒンドゥー教徒たちが牛や猿に似た神々を崇めているのを見てぞっとするかもしれません。イスラム教徒がなぜ、偶像崇拝を禁じるという深遠な哲学を利用して他宗教の神聖な偶像を破壊することを正当化するのか、理解し難いと感じる人もいます。イスラム教の最も神聖な地の一つであるメッカのカーバ神殿では、聖なる黒石が物質的な崇拝の対象になっており、毎年何百万というイスラム教の巡礼者たちが訪れているのに、と思うのです。また、なぜキリスト教徒はキリストが十字架に磔にされた最も暗い出来事ではなく彼の全盛期の話を取り上げないのか、キリスト教を理解していない人々には想像も及ばないかもしれません。最も重要な偶像である十字架によって救世主がとても無力に見えてしまっていることが、彼らには理解できないかもしれません。しかし、これらはすべて外見上のことです。〔精神の〕道や宗教をそのような見かけで判断したり評価したりするのは賢明なことではなく、偏見を助長する可能性もあります。

また、宗教を厳格な行いによって定義することもできません。規則を守れば良い人間であるということはないのです。ヒトラーは菜食主義者で、身だしなみにとても気を使っていたと言われています。しかし、規律やおしゃれな服装自体が神聖なわけではありません。そもそも、何が「良い」ことであると誰が決めるのでしょうか？　ある宗教で良いとされていることが、別の宗教では良くないことか、取るに足りないことと見なされています。たとえば、シーク教徒の男性は絶対に髪の毛やひげを切りません。一方で、僧侶は東洋の伝統でも西洋の伝統でもよく頭を剃りますし、プロテスタントは髪に関して自由です。どの宗教も、豚肉やエビを食べない、髪の毛や髭を剃ることを求める、あるいはそれを禁じるといったシンボルや実践に関して深い説明を与えています。しかし、こういった無数のすべきことやすべきではないことの中に、それぞれの宗教の基礎をなす見方があるはずなのです。そして、その見方こそが最も重要なのです。

見方は、ある行為が正当化できるものであるかどうかを決めるための最終的な基準点になります。行為は、それがその人の見方をどれだけ補完するかによって評価されるのです。

たとえば、あなたがカリフォルニアのベニス・ビーチに住んでいて、痩せているのはいいことだという見方を持っているとしましょう。その場合、あなたは体重を減らしたいという動機付けを持ち、それができたらどんなにいいだろうと浜辺で黙想し、炭水化物を避ける行為をするかもしれません。今度は、自分が東京の相撲取りだと想像してみてください。あなたは、とんでもなく太っているのがいいことだという見方を持っています。あなたは体重を増やしたいという動機付けを持ち、やせた相撲取りになってはならないと黙想します。あなたの行為は、ご飯とドーナツをできるだけたくさん食べるというものになります。つまり、ドーナツを食べるという行為の良し悪しは、見方によって決まるのです。このようにして、私たちは単に肉はコレステロール値を上げるから悪いものであるという見方を持つ人を、肉を食べない慈悲深い人と勘違いしてしまうことがあります。

究極的には、他者の行動を彼らの見方を十分に理解することなしに判断することは、誰にもできないのです。

仏教で用いられるすべての方法は、四法印によって説明できます。つまり、組み合わせによって成り立つすべてのものは無常である、すべての感情は苦しみである、すべてのものは本質的には存在しない、悟りとは概念を超越したものである、この四つです。仏教の経典の中で奨励されているあらゆるふるまいや行いは、これら四つの真実、もしくは法印に基づいています。

大乗仏教の経典の中で、ブッダは信者たちに肉を食べないよう助言しています。他の存在に直接害を与えることは不道徳なだけでなく、肉を食べるという行為は四法印と両立しませんせん。なぜなら肉を食べるとき、あなたはそれをある程度は生存のために行っているからです。あなた自身を維持するためです。この生きたいという欲求は、永遠でありたい、他の命を犠牲にして長く生きたいという思いと関係しています。動物を口に入れることによって確実にあなたの寿命が延びるのであれば、自己中心的な観点から言えば、肉を食べることには理由があることになります。しかし、どれだけ多くの死体を口に詰め込んでも、あなたはいずれ死にます。もしかすると死が早まりさえするかもしれません。

また、俗物的な理由で肉を食べる人もいるかもしれません。ぜいたく品だからという理由でキャビアを味わったり、精力をつけるために虎のペニスを食べたり、若々しく見える肌を維持するために茹でた鳥の巣を摂取したりします。これ以上の自己中心的な行いはありません。あなたの虚栄心のために命が失われているのですから。立場が逆になれば、私たち人間は蚊に刺されることにすら耐えられません。ましてや、自分たちがくちばしを切り取られて、ぎゅうぎゅう詰めの檻に閉じ込められ、家族や友人と共に屠殺されるのを待ったり、人肉バーガーになるために畜舎の中で太らされたりするのを想像することなどさらに耐えられません。

自分の虚栄心は他の命を奪うに値するという態度は、自己への執着を意味します。自己への執着は無知です。そして、すでにおわかりのとおり、無知は苦しみの原因になります。肉を食べるという行為について言えば、それは他の存在が苦しむ原因にもなります。この理由から、大乗仏教の経典では、こういった生き物たちの立場に立って考え、慈悲の心から、肉を食べることをやめるという実践が説かれています。ブッダが肉食を禁じたとき、彼は**すべての**肉を禁止しました。感傷的な理由で牛肉だけを禁止したり、汚れているという理由で豚肉だけを禁止したり、魂がないという理由で魚は食べてもよいと言ったりはしなかったのです。

四法印の美しい論法

一つ目の法印、つまり無常の例として、惜しみなさについて考えてみましょう。一つ目の真実を理解し始めると、私たちはあらゆるものを、一時的にのみ存在し、価値のないものとして見るようになります。まるでそれが、チャリティーバザーに寄付するための袋に入っているもののように感じるのです。必ずしもすべてを手放す必要はないものの、それに対する執着はありません。自分の所有物はすべて組み合わせによって成り立っている無常な現象であり、それらに永遠に執着し続けることはできないということがわかれば、惜しみのなさはすでにほとんど達成されていることになります。

二つ目の法印、すべての感情は苦しみであることを理解すれば、貧しさの感覚しか生み出さないけちな存在、つまり自己が苦しみの元凶であることがわかります。したがって、自己に執着しなくなれば、自分の所有物に執着する理由がなくなり、貪欲の苦しみもなくなります。惜しみのなさを実践することが喜びになるのです。

三つ目の法印、すべてのものは本質的には存在しないことに気付けば、執着することの無益さがわかります。なぜなら、私たちが執着しているものはすべて、本当に存在しているという性質を持たないからです。たとえるなら、道で知らない人々に十億ドルを配る夢を見ているようなものです。夢の中のお金ですから、惜しみなく与えることができます。それでいて、惜しみなく与えることの楽しみはすべて得ることができるのです。これら三つの見方に基づく惜しみのなさを実践すると、それにはゴールがないことにいやおうなく気付かされます。惜しみのなさとは、人に認められたり、より良い来世を確保したりするために犠牲に耐えることではないのです。

見返りを求めず、なんの期待もせず、無条件で惜しみのなさを実践すると、四つ目の見方である、解放つまり悟りとは概念を超越したものであるという真実を垣間見ることができます。

惜しみのなさといった徳行の完成を物質的な基準、つまり貧困がどれだけなくなったかで評価すれば、それを完成させることは絶対にできません。貧困も、貧しい人々の欲望も無限だからです。お金持ちの欲望ですら無限です。実際、人間の欲望を完全に満たすことは不可能です。しかし、シッダールタによれば、惜しみのなさは、与える物と与えるという行為をしている自己に対する行為者の執着の度合いによって評価されなければなりません。自己と自己のすべての所有物が永続しないものであり、本当に存在しているという性質を持たないことをひとたび理解すれば、執着を持たなくなります。これが、完成された惜しみのなさです。この理由から、仏教の経典で最初に奨励される行為は、惜しみのなさの実践なのです。

カルマ、清らかさ、非暴力のより深い理解

仏教の紛れもないトレードマークであるカルマの概念もまた、これら四つの真実に従う

ものです。原因と条件が結びつき、妨げになるものがなければ、結果が生じます。**結果がカルマ**です。このカルマは意識、つまり心または自己によって集められます。この自己が貪欲さや怒りから行動すれば、負のカルマが生じます。ある考えや行為が、愛や寛容、そして他者の幸福を願う気持ちによって動機付けられていれば、正のカルマが生じます。しかし、動機も行為も結果としてのカルマも、本質的には夢や幻のようなものです。涅槃とは、良いカルマと悪いカルマの両方を超越することを言います。一般的に良いとされているどんな行為も、これら四つの見方に基づいて**いなければ**、それは単なる正義でしかありません。それは究極的にはシッダールタの道ではありません。あなたがたとえ世界中のお腹をすかせた存在に食べ物を与えたとしても、四つの見方をまったく持たずにそれを行えば、それは単なる良い行いに過ぎず、悟りへの道ではありません。それどころか、その正義の行為は自我を増長させ、維持することにつながってしまうかもしれません。

仏教徒がけがれを取り除くための実践ができるのは、これら四つの真実のおかげです。ある人が、自分は負のカルマで汚れているとか、自分は弱い、「罪深い」存在だと考え、これらの障害が常に真実を理解する邪魔をしていると思って苛立っているとしましょう。その場合、この人は、それらが組み合わせによって成り立っているために無常であり、それゆえに取り除くことが可能であることを知れば安らぎを見出すことができます。一方、自分には能力や功徳が足りないと思っている人は、善行によって功徳を積むことが可能であると知って安らぎを見出すことができます。なぜなら功徳が不足している状態は永続しないものであり、それゆえに変えることができるからです。

仏教における非暴力の実践は、単に笑顔で服従することや従順になって気を利かせることではありません。暴力の根本的な原因は、正義や道徳といった極端な考えに執着することです。この執着はたいてい、悪いと良い、醜いと美しい、道徳的と非道徳的といった二元的な物の見方を受け入れてしまう習慣から生じます。柔軟性のない独善は、他者に共感する余裕をすべて奪います。正気を失っている状態です。こういった物の見方や価値観はすべて、それらを持っている人と同じように組み合わせによって成り立っていて永続しないものなのだということを理解すれば、暴力は回避されます。自我、つまり自己への執着がなければ、暴力的になる理由はまったくありません。自分の敵が、彼ら自身の無知と怒りの強力な影響を受けていること、彼らの習慣にとらわれていることを理解すれば、彼らの腹立たしい態度や行為を許すことが容易になります。精神病院から来た人があなたを侮辱したときに腹を立てても意味がないのと同じです。二元的な現象の両極端を信じることを超越すれば、暴力の原因を超越したことになるのです。

四法印――取捨選択のできない一括協定

仏教では、いかなる行為も、それが四つの見方を不動のものとし強化するものであれば、正当な道と見なされます。香を焚くことや深遠な瞑想や真言といった一見儀式的な実践ですら、意識を一つまたはすべての真実に集中させるのを手助けするように意図されています。どんなことでも、それが四つの見方と矛盾する場合には、たとえ愛と慈悲の行為に見えたとしても仏道には含まれません。空性の瞑想ですら、それが四つの真実に従ったものでなければ、まったくの否定行為、つまりただの虚無主義の道になってしまいます。

これらの四つの見方は、いわば仏教の背骨のようなものです。私たちがそれらを「真実」と呼ぶのは、それらが単純に事実だからです。それらは作られたものではなく、ブッダによる神秘的な啓示でもありません。四つの見方は、ブッダが教えを説き始めた後に初めて有効になったわけではありません。これらの原則に従って生きることは、儀式や手法ではありません。それらを道徳や倫理と見なすことも、商標登録したり所有したりすることもできません。仏教に「不信心者」や「冒瀆者《ぼうとく》」といったものは存在しません。なぜなら、信仰や冒瀆、疑いの対象となる人が存在しないからです。しかし、これら四つの事実に気が付いていない人や、それらを信じていない人を仏教徒は無知だと考えます。そういった無知について、道徳的な判断がなされることはありません。人間が月に降り立ったことを信じないという人や、世界が平らだと思っている人がいたら、科学者は彼を冒瀆者ではなく単に無知な人と呼ぶでしょう。同じように、これらの四法印を信じない人も不信心者とはならないのです。それどころか、四法印の論理が不完全であり、自己への執着が実は苦しみではなく、無常を否定する要素が存在するという証拠を誰かが示したのなら、仏教徒は進んでその道に乗り換えるべきです。なぜなら、私たちが探し求めているものは悟りであり、悟りとは真実に気付くことだからです。しかし、これまでの歴史の中で、四法印が誤りであるという証拠は現れていません。

もしあなたが、四法印を無視しているにもかかわらず、仏教の伝統に夢中になっているというだけの理由で自分を仏教徒だと考えているとしたら、それはうわべだけの信仰です。仏教の師たちは、あなたが自分をどのように呼ぼうとも、これらの真実を信じていないのであれば、幻の世界が堅固で本当に存在すると信じてそこにとどまり続けるであろうと考えます。そういったことを信じることで、無知であることの喜びを一時的に得ることはできても、結局は必ず何らかの不安につながります。そしてあなたは、問題を解決し、不安を取り除くことにすべての時間を費やすのです。常に問題を解決していなければならなくなり、それが中毒のようになります。せっかく問題を解決したはずなのに結局別の問題が生じてしまったということが、これまでに何度あったでしょうか？　この繰り返しに満足しているのなら、あなたが不平を言う理由はありません。しかし、問題解決には終わりがないことを理解したのなら、それは内なる真実の探求の第一歩です。この世のあらゆる問題や社会的不公正を仏教で解決できるわけではありません。しかし、あなたが真実を探していて、たまたまシッダールタと相性が合うのであれば、これらの真実に納得できるかもしれません。そうであれば、彼の教えに従うことを真剣に考えるべきでしょう。

放棄の中にある豊かさ

あなたがシッダールタに従うことにしたからといって、必ずしも彼の行動を一つ一つ模倣する必要はありません。自分の妻が眠っているあいだに家を抜け出す必要はないのです。多くの人は、仏教が放棄や出家、家族や仕事を置き去りにすること、そして苦行の道を進むことと同義であると考えます。こういった禁欲的なイメージを持たれるようになった原因の一つに、多くの仏教徒が仏教の経典や教えに登場する托鉢僧たちを崇敬しているという事実があります。キリスト教徒がアッシジの聖フランチェスコを賛美するのと同じです。

私たちは、托鉢の鉢を持ってマガダ国を裸足で歩くブッダの姿や、洞窟の中でイラクサのスープだけで生きるミラレパの姿に感銘を受けずにはいられないのです。また、施しを受ける質素なビルマ僧の静けさも私たちの心を捉えます。

しかし、これとはまったく種類の異なるブッダの信奉者もいます。たとえば、アショーカ王は真珠と金で着飾った姿で王家の戦車を降り、世界中に仏法を広めるという願いを宣言しました。彼はひざまずいて砂をひとつかみし、手の中にある砂粒と同じ数の仏塔を建てると宣言しました。そして、彼は実際に約束を守りました。このように、王様や商人、売春婦、麻薬中毒者、もしくは会社の社長であっても、四法印を受け入れることはできます。基本的に、仏教徒が大切にするのは物質的な世界を捨て去る行為ではなく、この世界と自分自身に対する習慣的な執着を知り、その執着を放棄する能力なのです。

四つの見方を理解し始めたとき、私たちは必ずしも物を捨てるわけではありません。むしろ、物に対する私たちの考え方が変わり、それによってそれらの価値にも変化が起こります。他人よりも持っている物が少ないというだけで、道徳的により純粋であるとかより高潔であることにはなりません。それどころか、謙虚さ自体が一種の偽善であることもあります。物質的な世界には本質がなく、無常であることを理解すると、放棄の実践はもはや自己処罰ではなくなります。自分につらく当たることではないのです。**犠牲**という言葉が違う意味を持つようになります。このことを理解すると、あらゆる物の価値が地面に吐いた唾とほとんど変わらなくなります。私たちは唾に対して感傷的になったりはしません。そういった感傷をなくすことが至福の道、つまり善逝《ぜんぜい》〔煩悩を超えて悟りの彼岸に去った者〕の道です。放棄の実践を至福として理解すれば、その昔宮殿での生活を放棄したシッダールタ以外の多くのインドの王女や王子、将軍たちの話が、それほど奇異ではなくなります。

このような、真実への愛と真実の探求者に対する尊敬の念は、インドのような国々では古くからの伝統となっています。今もなお、インド社会では放棄を実践する者が見下されることはなく、私たちがハーバード大学やイェール大学の教授を尊ぶのと同じくらいの敬意をもって尊ばれています。この伝統は、企業文化が君臨するこの時代において廃れてきてはいるものの、弁護士としての成功を捨てて放浪の出家者になった、からだに灰を塗った裸のサドゥーと呼ばれる行者たちもまだ存在しています。インド社会がこういった人たちを恥ずべき乞食や厄介者として追い払うのではなく敬っているのを見ると、私は鳥肌が立ちます。また、彼らが香港のマリオットホテルにいたらどうだろうと想像せずにはいられません。西洋のしきたりを必死でまねようとしている中国人の成り金たちは、からだに灰を塗ったサドゥーたちを見てどう思うでしょうか？　ドアマンは彼らのためにドアを開けるでしょうか？　さらに言えば、東京の超高級ホテルのコンシェルジュはどんな反応をするでしょうか？　今は、真実を崇めてサドゥーたちを尊ぶより、広告看板を崇めて脂肪吸引手術を尊ぶ時代なのです。

智慧を取り入れ、歪んだ道徳を手放す

あなたはこれを読みながら、**私は惜しんだりしないし、自分の持ち物にそれほど執着していない**、と思っているかもしれません。あなたは確かにケチではないかもしれません。

しかし、あなたが惜しみのない行為をしている最中に、誰かがあなたのお気に入りの鉛筆を持ち去ったとしたら、あなたは憤慨してその人の耳を食いちぎりたくなるかもしれません。あるいは、誰かに「これだけしかくれないの？」と言われたら、完全に意気消沈してしまうかもしれません。私たちは、何かを与えるときに「惜しみのなさ」という観念にとらわれています。そして結果にこだわります。いい来世とまではいかなくても、少なくとも現世で人に認められたい、表彰額を壁にかけるくらいはしたいと思っています。私は、どこかの美術館どころか、一生面倒を見てもらうことを期待している自分の子どもたちにお金を与えたというだけの理由で、自分は気前がいいと思っている人に何人も出会ったことがあります。

四つの見方を伴わなければ、道徳もまた歪んでしまう可能性があります。道徳は自我を増大させます。その結果、私たちは厳格になり、自分とは道徳観が異なる人々を批判するようになります。自分の道徳観に固執して他者を見下し、それを彼らに押し付けようとします。たとえそれが彼らの自由を奪うことになってもです。インドの偉大な学者であった聖人シャンティデーヴァは――彼もまた、自分の王国を放棄した王子でしたが――次のように説きました。ありとあらゆる良くないことを避けることはできないが、これら四つの見方のうちの一つでも取り入れることができたなら、あらゆる不善から守られるのであると。西洋全体が何となく悪魔的で不道徳だと思っていたとしても、それを制圧したり更生させたりすることはできません。しかし、あなたの中に寛容さがあれば、制圧したのと同じことになります。裸足で歩きやすいように地球全体を削って滑らかにすることはできなくても、靴を履けばでこぼこした不快な地面から自分を守ることができるのです。

四つの見方を、頭だけではなく経験によっても理解することができれば、実体のないものへの執着から自分を徐々に解き放つことができます。この自由が、仏教において智慧と呼ばれるものです。仏教徒は智慧を何よりも尊びます。それは道徳、愛、常識、寛容、そして菜食主義に勝ります。智慧は、私たちが自分の外側から得ようとする神聖な魂ではありません。智慧を喚起するには、まず四法印に関する教えを聞きます。額面どおりに受け取るのではなく、それらについて分析をし、じっくり考えます。そして、この道が自分の混乱をいくらか解消し、安堵をもたらすものであると納得したのなら、実際に智慧を実践してもいいでしょう。

仏教における最も古い教え方の一つとして、師が弟子に骨を与え、その起源についてじっくり考えさせるというものがあります。弟子はこの考察を通じて、その骨が誕生の最終結果であり、誕生はカルマの形成の最終結果であり、カルマの形成は欲求の最終結果であるといった理解に至ります。原因と条件、そして結果の論理に完全に納得した弟子たちは、あらゆる状況や瞬間にそういった意識をもつようになります。これが、仏教において瞑想と呼ばれるものです。こういった知識や理解を私たちにもたらすことのできる人々は、師として尊ばれます。なぜなら、彼らは深い悟りを得ていて森の中で幸せに生きていくこともできるのに、わざわざ私たちのそばに留まり、いまだ闇の中にいる人々のために見方を明らかにしてくれているからです。この知識は、ありとあらゆる意味のない些細な問題から私たちを解放してくれるものですから、私たちはそれを説明してくれる人に対して自然に感謝の気持ちを抱きます。こうして、私たち仏教徒は師に敬意を払うのです。

見方を頭で受け入れることができたら、自分の理解と気付きを深めるための方法は何でも用いることができます。つまり、物事が堅固であると考える習慣から、それらが組み合わせによって成り立っていて相互依存的で無常であると考える習慣に変化させることを手助けするものであれば、どんなテクニックや実践でも使うことができるのです。仏教における真の瞑想と実践とはこのことであり、文鎮のようにただじっと座っていることではないのです。

私たちはいずれ自分は死ぬと頭ではわかっていても、何気ないお世辞といった些細なものによってそのことを忘れてしまうことがあります。誰かに指の関節の優美さをほめられると、いつの間にかそれらの関節をそのまま維持する方法を探してしまいます。急に失うものができたように感じてしまうのです。近頃では、失うものと得るものが常に大量に私たちのもとに押し寄せてきます。正しい見方を私たちに思い出させ、それに慣れることを手助けしてくれる方法を、私たちはかつてないほど必要としているのです。頭を剃って洞窟にこもるとまでは言わないまでも、車のバックミラーに人間の骨をぶら下げることぐらいは必要かもしれません。倫理や道徳は、こういった方法と組み合わされることによって役に立つようになります。倫理や道徳は仏教において最も重要なものではありませんが、それらが私たちを真実に近づけてくれる場合は重要になります。しかし、ある行為が良い、前向きなものに見えたとしても、それが私たちを四つの真実から遠ざけるのであれば、それをしないでおくように、とシッダールタ自身が警告しています。

お茶とティーカップ――文化の中の智慧

四法印はお茶のようなもので、これらの真実を顕在化させるためのあらゆる手段――つまり実践や儀式、伝統、そして文化的装飾――は、ティーカップのようなものです。技能や方法は目で見て手で触ることができますが、真実はそうではありません。難しいのは、ティーカップに気を取られないことです。人は、明日と来世のどちらが先に訪れるだろうかとじっくり考えるよりも、静かな場所で瞑想用の座布団の上に背筋を伸ばして座るほうを好みます。外面的な実践は知覚することができますから、私たちの心はそれらを素早く仏教に分類します。一方で「組み合わせによって成り立つすべてのものは無常である」という概念には形がないために、何かに分類するのは容易ではありません。皮肉なことに、私たちは無常を裏付ける証拠に囲まれていながら、そのことが簡単にはわからないでいるのです。

仏教の本質は文化を超越していますが、それはさまざまな異なる文化の中で実践されており、各文化の伝統が、教えを保持するためのティーカップとして用いられています。こういった文化的装飾を構成する要素が害を与えることなく他の存在を助けるものであり、四つの真実に矛盾しないものであれば、シッダールタはそれらを奨励するでしょう。

何世紀にもわたり、数々のブランドや様式のティーカップが作られてきました。しかし、それがどんなに素晴らしい意図を持って作られていて、どんなにうまく機能するものであっても、中身のお茶が忘れられてしまうのであれば、ティーカップは障害になります。ティーカップは真実を保持するためのものであるにもかかわらず、私たちは結果よりも手段のほうを重視しがちです。そのため、人々は空のティーカップを持ってうろうろするか、お茶を飲むのを忘れてしまいます。私たち人間は、仏教の文化的実践における儀式や色に魅了されるか、少なくとも注意をそらされてしまうことがあります。お香やろうそくはエキゾチックで魅力的ですが、無常や無我はそうではありません。シッダールタ自身、信心する最善の方法は、無常の原則と感情の苦しみ、現象が本質的には存在しないこと、そして涅槃が概念を超越したものであることをただ思い出すことであると述べています。

表面的には、仏教は儀式的で宗教的に見えるかもしれません。仏教における、えび茶色の僧衣などの規律、儀式や法具、お香、花、さらに僧院といったものには形があり、観察したり写真に収めたりすることができます。私たちは、それらが目的を達成するための手段であることを忘れてしまいます。儀式を行うことや、菜食主義者になったり僧衣をまとったりといった規律に従うことでブッダの信奉者になるわけではないということを忘れてしまうのです。むしろ人間の心はシンボルや儀式を非常に好むため、それらはあって当然なもの、欠かすことのできないものになっています。チベットの砂の曼荼羅や日本の禅庭園は美しく、見る者にひらめきを与える可能性がありますし、真実を理解するための手段にさえなり得ます。しかし、真実そのものは美しくもなく、美しくなくもないのです。

赤や黄、黒の帽子といったものは、おそらくなくても支障はありません。しかし、儀式や規律の中には、普遍的に望ましいものもあります。ハンモックに寝そべり、小さな傘で飾られた飲み物を持ちながら瞑想していても、その人が真実について深く考えているのであれば、それが間違っているとはっきり言うことはできません。しかし、背筋を伸ばして座るといった手段には実際に大きな利点があります。正しい姿勢は簡単でお金がかかりません。その上、いつも素早く反応してあなたの心を奪い、あなたをさまよわせる感情の働きを取り除くこともできます。冷静になるための余裕を少し与えてくれるのです。集団儀式や宗教的な階層構造といったその他の制度化された慣習もある程度は役に立つのかもしれませんが、過去の師たちがそれらを皮肉っていたことは心に留めておく必要があります。私は個人的に、西洋社会の多くの人々が仏教をカルトに分類している理由が、これらの慣習にあるに違いないと考えています。しかし実際には、四つの真実にカルト的な要素は少しもないのです。

いまや仏教は西洋社会で栄えており、仏教の教えを現代的な考え方に合うように変化させている人々のことを耳にすることがあります。変化させるべきものがあるとすれば、それは慣習やシンボルであって、真実自体ではありません。ブッダ自身、彼の規律や方法は時代と場所に応じて適切に変化させられるべきであると述べています。しかし、四つの真実は更新も修正もする必要がありません。仮にしようとしても、それは不可能なことです。ティーカップを変えたとしても、お茶は純粋なままです。二千五百年のあいだ存在し続け、インド中央部の菩提樹からニューヨークのタイムズ・スクエアまで四〇七八万一〇三五フィートを旅しても、「組み合わせによって成り立つすべてのものは無常である」という概念が正しいことに変わりはありません。無常は、タイムズ・スクエアでも無常のままなのです。四つの法則を、都合のいいように曲げることはできません。これには、どんな社会や文化においても例外はありません。

一部の宗教とは異なり、仏教は生きるためのサバイバル・キットではありません。それは、一人の妻が何人の夫を持つべきだとか、税金をどこで納めるべきであるとか、泥棒をどう罰すべきかといったことを指図したりはしません。それどころか、厳密に言えば、仏教には結婚の儀式すらありません。シッダールタの教えの目的は、人々が聞きたがっていることを話すことではありませんでした。彼は、真実に対する思い違いや尽きることのない誤解から他者を解放したいという強い衝動を持っていたために教えを説いたのです。ただし、それらの真実を効果的に説明するために、シッダールタはさまざまな聴衆のニーズに合わせて、いろいろな方法や手段を用いて教えを説きました。こういったさまざまな教え方は、今では仏教における種々の「宗派」に分類されています。しかし、どの宗派でも根本的な見方は同じです。

たいていの宗教にはリーダーがいます。ローマカトリック教会のように、物事を決定し裁断を下すために、全権を有する一人の人間を頂点とした複雑な階層制度を持つ宗教もあります。一般的な認識とは裏腹に、仏教にはそのような人物や制度は存在しません。ダライ・ラマは亡命チベット人コミュニティの世俗的なリーダーであり、世界中の多くの人々にとっての精神的指導者でもありますが、必ずしもすべての仏教徒にとってそうだというわけではありません。チベットや日本、ラオス、中国、韓国、カンボジア、タイ、ベトナム、そして西洋諸国における仏教のあらゆる形態や宗派に関して、誰が真の仏教徒で誰がそうでないのかを決めることのできる唯一の権力者というものは存在しません。誰を罰すべきで、誰を罰すべきでないという判断を下せる人も存在しません。このように中心的な権力が存在しないことは、混乱をもたらすかもしれません。しかし、これは幸いなことでもあります。なぜなら、人間が作ったあらゆる組織におけるあらゆる権力は腐敗する可能性があるからです。

「あなたがあなた自身の師である」とブッダ自身が言われました。もちろん、すぐれた師があなたに真実を示そうとしてくれるのなら、それは幸運なことです。場合によっては、そういった師はブッダよりもさらに敬われるべきです。なぜなら、何千というブッダがすでに現れたかもしれないとはいえ、あなたのもとに真実をもたらしてくれたのは、その師だからです。精神的に導いてくれる人を見つけることができるのは、あなただけです。あなたにはその人物を分析する自由があります。そして、師が本物であると確信したのなら、その師を受け入れ、辛抱し、師から喜びを得ることはあなたの実践の一部になります。

敬意はしばしば宗教的な熱狂と混同されます。外部の人たちは、私たちがブッダやその系譜に連なる師たちをあたかも神のように崇拝していると思うかもしれません。その原因は、どうすることもできない仏教の外見的な特徴と、一部の仏教徒の技量不足にあります。

あなたがもし、どの道が正しい道であると判断するにはどうすればいいのだろうと思っているのなら、四つの真実に矛盾しない道はすべて安全な道と考えてよいとだけ覚えておいてください。究極的には、仏教を守るのは高位の師ではなく、守護者である四つの真実なのです。

真実を理解することが仏教の最も重要な側面であることは、いくら強調しても強調しすぎることはありません。学者や思想家たちは何世紀にもわたり、自分の発見をぜひ分析してほしいというシッダールタのすすめを最大限に利用してきました。シッダールタの言葉を精査し、論じた何百もの書物がその証拠です。実際、あなたが仏教に興味を持っているのなら、自分が疑いを持ったすべてのことについて検証することが奨励されます。冒瀆者の烙印を押される恐れは一切ありません。数え切れないほど多くの知的な人々が、まずシッダールタの智慧と洞察力を敬うようになり、その後、信頼と信仰心を示しました。かつて、王子や大臣たちが真実を探し求めてためらいもなく自分たちの宮殿を去って行ったのは、このためなのです。

調和の実践

深遠な真実はさておき、最近では最も実用的で明白な真実でさえ無視されています。私たちはまるで、自分たちがぶら下がるまさにその枝に糞をする、森に住む猿のようです。人々はいつも経済情勢について論じますが、景気後退が貪欲さと関連していることには気がついていません。貪欲さと妬み、そしてプライドのせいで、すべての人が確実に基本的な生活必需品を手に入れられるような強い経済が実現することは、絶対にありません。私たちの住処である地球は、どんどん汚染されていきます。古代の支配者や皇帝たち、そして古代の宗教がすべての争いの源であると非難する人々がいますが、世俗的な現代世界はそれよりましどころか、もっとひどいことをしてきました。現代世界はいったい何を改善したというのでしょうか？　科学と技術がもたらした主な影響の一つは、世界をより速やかに破壊するということです。地球上のあらゆる生命体や生命維持システムが衰退しつつあると考える科学者は決して少なくありません。

今こそ、私たちのような現代人が精神的な事柄について考えてみるべき時です。たとえ、座布の上に座る時間がなくても、数珠を首に掛けている人たちを見て意欲をそがれても、そして自分が宗教的な考えに傾いていることを世俗的な友人たちに知られるのが恥ずかしくてもです。私たちが経験するすべてのことの無常の性質について、そして自己への執着が苦しみをもたらすことについてじっくり考えることは、平穏と調和をもたらします。たとえそれらが世界中にもたらされないとしても、少なくともあなたの周囲にはもたらされるのです。

四つの真実を受け入れて実践するかぎり、あなたは「実践する仏教徒」です。娯楽や頭の体操のために四つの真実について読むだけでそれらを実践しなければ、薬のビンのラベルを読むだけで決して薬を飲むことをしない病人と同じです。その一方で、あなたが実践していたとしても、自分が仏教徒であることを見せびらかす必要はありません。実のところ、仏教徒であることを隠すことでおつきあいの場に誘われやすくなるのなら、そうしてもまったく問題はありません。しかし、あなたには仏教徒として、できるかぎり他の存在に害を与えることを避け、できるかぎり他の存在を助けるという使命があることは覚えておいてください。これはそれほど大変な責務ではありません。なぜなら、四つの真実を心から受け入れてそれについてじっくりと考えれば、こういった行いは自ずと生まれるからです。

また、あなたが仏教徒として世界中のすべての人を仏教に改宗させる使命や義務を負っているわけではないことを理解することも重要です。仏教徒と仏教は、〔米国の〕民主党員と民主主義のようにそれぞれ別個のものです。過去に大勢の仏教徒が自分自身や他の存在にひどいことをしてきたはずですし、今もしているでしょう。しかし、これまでに仏教徒が布教目的でブッダの名の下に戦争を行ったり、他宗教の寺院を荒らしたりしたことがないというのは励みになります。

仏教徒として、あなたはこの方針をかたく守るべきです。つまり、仏教徒は決して仏教の名の下に殺戮に関わったり、あるいはそれを後押ししたりすることがあってはなりません。人間は言うまでもなく、一匹の虫さえも殺してはいけません。そして、そのようなことをしている仏教徒や仏教団体のことを偶然にも知ったのなら、あなたは仏教徒として抗議し、彼らを非難しなければなりません。もし黙っていれば、あなたは彼らの行為をやめさせようとしていないだけでなく、彼らの中の一人になっているのと同じです。あなたは仏教徒ではありません。

用語の翻訳に関するあとがき

私は仏教哲学の核心である四つの見方を、あらゆる人々に理解できる日常的な言葉で説明しようと試みました。その際、使用する用語の選択に関しては難しい決断を迫られました。ぜひ念頭に置いていただきたいのは、サンスクリット語とチベット語の仏教用語に関して、最終的に合意された英訳はないということです。仏教のさまざまな宗派において、そしてまたチベット仏教の一つの宗派においてさえ、意味やスペルは一様ではありません。良い例の一つがzag bcas《サク・チェー》という言葉です。本書では、「すべての感情は苦しみである」というように、それを「感情」と訳しました。しかしながら、その訳語が「あまりに広い意味を含みすぎる」と感じる人々は眉をひそめます。なぜなら、多くの人々はすべての感情が苦しみであるとは考えないからです。その一方で、zag bcas という言葉のより正確な意味は大変に広大であるのだから、その訳語では意味が狭すぎると考えて眉をひそめる人々もいます。

チョキ・ニマ・リンポチェはその著書『議論の余地のない真実（*Indisputable Truth*）』の

中で、「zag bcasという言葉は文字どおり『落ちる、あるいは移ることに巻き込まれる』という意味である」と説明しています。そして、次のように続けています。

私は以前、クヌ・リンポチェ（テンジン・ギャルツェン）に、この言葉やその他いくつかの仏教用語の意味について尋ねる機会を得た。彼はまず、「けがれる」という言葉の中の音節の一つが含まれる、人あるいはgangzag《カン・サク》という言葉の意味について説明した。gang《カン》とは、六道の中で転生しうるあらゆる世界や場所といった意味での「どれでも」あるいは「どちらでも」という意味である。一方、zagpa《サク・パ》には、それらの場所のいずれかに「落ちる」または「移る」という意味がある。したがって、人という言葉は「転生を免れない」という意味になる。彼は、この語源が古くから議論されてきたとも述べている。なぜなら阿羅漢もまた、人を意味するgangzagと呼ばれているからである。

『ブッダが説いたこと（*What the Buddha Taught*）』の著者ワールポラ・ラーフラは、第一の印を「条件づけられたものはすべてdukkha《ドゥッカ》（苦しみ）である」と訳しました。また別の者は「けがれた、または堕落したすべての現象は三つの苦しみの性質を有する」という言い方をしています。ランジュン・イエシェ辞書には、これに似た訳「劣化するすべてのものは苦しみである」と載っています。

これらの訳でもやはり、意味が広すぎるとか狭すぎると言って人々は論争するでしょう。真剣に学びたい人々がこういったさまざまな用語を理解するために必要なのは、さらなる勉強と説明です。根本的なことを言えば、相互依存によって成り立ついかなるものにも主権はなく、それがそれ自身を完全にコントロールすることはできません。そしてこの依存性が不確実性を生むわけですが、それこそが仏教で言うところの「苦しみ」の定義の主たる要素なのです。このような理由から、英語のsuffering（苦しみ）という言葉を用いるにあたっては多くの説明が必要になります。

しかしながら、私はやはり「すべての感情は苦しみである」という訳を使うことに決めました。読者が苦しみの原因を自らの外に探すことがないようにとの理由からです。こうすることで、苦しみの原因がより個人的なもの——つまり自分の心と感情——であるということになります。

読者に心に留めておいていただきたい点がもう一つあります。それは、この本で示した四法印が、たぶんに大乗仏教的な性格を持つということです。テーラワーダのような声聞乗〔自己の悟りのみを目的とする声聞（教えを聞く者）のために説かれた教え〕の伝統においては、これら四つの印ではなく、三つの印のみであるかもしれません。しかし、それら三つは、本書で示した四つの中に含まれます。この本の意図は全般的な説明を提供することにありますから、少ないよりはより多くを、ほんの少しではなく全部を提供したほうが良いと考えました。そうすることで、後から追加する必要もなくなります。

謝辞

組み合わせによって成り立つ現象の良い例を求めてあちこち探す必要はありません。なぜなら、この本こそが組み合わせによって成り立つ現象の絶好の例だからです。一部のたとえは現代的であるかもしれませんが、議論や類推の基本的な論理や根拠となるものは、古くから教えられてきたものです。私は、ブッダと、古い時代におけるブッダの多くの門人たち、そして特に、偉大なグル・リンポチェ・パドマサンバヴァ、ロンチェンパ、ミラレパ、ガンポパ、サキャ・パンディタ、リクジン・ジグメ・リンパ、そしてパトゥル・リンポチェのような先達たちの説かれたオリジナルの考えや教えを盗用することを恥じらう必要はないのだと決心しました。したがって、本書を読んで少しばかりでもインスピレーションを感じた方は、これら先達の偉業に親しむ努力をしてみることをお勧めします。本書において、もし、言葉あるいは意味に重大な誤りや間違いがあったとすれば、その責任はすべて私自身にあります。コメントは大変歓迎しますが、あなたの貴重な時間の浪費であるかもしれません。

本書が少なくとも読むに耐え得るものとなったのは、ノア・ジョーンズの努力の賜物です。それは彼女が編集に携わったというだけでなく、「仏教哲学の初心者」としてモルモットになることを申し出てくれたからです。したがって、彼女には深い感謝の気持ちを表したいと思います。また、ジェシー・ウッドの句読点の誤りを見つける鷲のような鋭い目、そしてこの日本語版の翻訳と編集を担った河上沙羅さん、望月恵太さん、上田晶子さん、櫻木晴子さん、原章さんにも謝意を表さなければなりません。さらに、本書を形作る助けとなる大変難しい議論を持ち出してくれた、十代の若者たち、学者たち、ビール腹の人たち、そして思想家たちなど、私のすべての友人たちに感謝します。本書は、かつて華麗なヒンドゥーの王国であったバリ島のウブドにある大変ファンキーなカフェで着想を得、霧とヒマラヤスギの木立に囲まれた〔カナダの〕デイジー湖畔において形作られ、ヒマラヤにて完成しました。本書がみなさんの好奇心を少しでもかき立てるお役に立つことを願っています。

◇◇◇

ゾンサル・ケンツェは、この本の売り上げをケンツェ財団に寄付することを申し出ました。ケンツェ財団は、ブッダの描いた智慧と慈悲の実践および学習に携わる団体や個人を支援するため、二〇〇一年に設立された非営利団体です。財団は、奨学基金、僧院教育への寄付、出版助成基金、主要大学における仏教研究促進のための寄付、子どもたちのための仏教学校など、数々のプロジェクトを通じてその使命に取り組んでいます。詳しくはこちらをご覧ください。www.khyentsefoundation.org

●著者略歴

ゾンサル・ジャムヤン・ケンツェ

1961年、ブータンに生まれる。*What Makes You Not a Buddhist, Not for Happiness, Living is Dying*など現代において仏教の道を歩むための書を著しているほか、アジア地域で仏教の研究のための僧院と研究所を6つ率いている。また、彼が監督している仏教の研究と実践を行うセンターは5大陸にまたがり、ブッダの教えを英語に翻訳する活動をしているものを含めいくつかのNPOを運営している。映画監督としても知られ、*The Cup*（日本語タイトル『ザ・カップ：夢のアンテナ』），*Travellers and Magicians, Vara: a Blessing, Hema Hema: Sing Me a Song While I Wait, Looking for a Lady with Fangs and a Moustache*の5作品はいずれも高い評価をうけ、いくつかの賞を受けている（映画監督としての名はケンツェ・ノルブ）。

●訳者略歴

河上沙羅（かわかみ さら）

2007年、ゾンサル・ジャムヤン・ケンツェ・リンポチェの下で仏教を学び始め、2010年にリンポチェのガイダンスの下、本書の翻訳を始める。2012年からシッダールタズ・インテント・ジャパンのメンバーとして講演の企画・運営等に携わっている。獨協大学外国語学部英語学科卒。

望月恵太（もちづき けいた）

2012年より、共訳者として翻訳にあたる。2012年から2015年までシッダールタズ・インテント・ジャパンのメンバーとして講演の企画・運営等に携わった。オハイオ大学大学院ジャーナリズム研究科修士課程修了。

ブッダが見《み》つけた四《よっ》つの真実《しんじつ》

2021年5月20日　第1版第1刷発行

著　者　ゾンサル・ジャムヤン・ケンツェ
訳　者　河上沙羅　望月恵太
発行者　矢部敬一
発行所　株式会社 創元社
［本社］
〒541-0047 大阪市中央区淡路町4丁目3-6　電話 06-6231-9010（代）　FAX 06-6233-3111
［東京支店］
〒101-0051 東京都千代田区神田神保町1-2　田辺ビル　電話 03-6811-0662
ホームページ　https://www.sogensha.co.jp/
印刷所　株式会社 太洋社
装　画　奈路道程
造　本　上野かおる
編集協力　原　章

〈検印廃止〉落丁・乱丁のときはお取り替えいたします。

ISBN978-4-422-14024-7 C0015